Karma y Renacimiento
Según la lógica budista

Gueshe Tamding Gyatso

Traducción del tibetano por Mikmar Tsering

Traducido, anotado y adaptado al castellano por Isidro Gordi

Ediciones Amara. Ciutadella de Menorca

Ediciones Amara. Ciutadella de Menorca

Publicado por vez primera en 1998 por Ediciones Amara

1997 y 2017 © Por Isidro Gordi

Diseño de la portada: © Federica Mahieu

Maquetadora: © Clara Gispert Vidal

Impreso en España/ Printed in Spain

ISBN de la obra: 978-84-95094-60-5

Depósito Legal: ME 365-2017

Contenido

Prefacio de
Gueshe Tamding Gyatso

༄༅། །རྗེ་སྐུད་དུ་ མགས་མཆོག་དཔྱིག་གཉེན་གྱིས། སྟོན་པའི་དམ་ཆོས་རྣམ་གཉིས་ཏེ། ལུང་དང་
རྟོགས་པའི་བདག་ཉིད་དོ། ཞེས་གསུངས་པ་ལྟར་སངས་རྒྱས་ཀྱི་བསྟན་པ་ལ་ལུང་རྟོགས་གཉིས་སུ་འདས་ལ།
ལུང་གི་བསྟན་པ་ནི་ཐེག་པ་ཆེ་ཆུང་གིས་མཚོན་ཆོས་ཕུང་དེ་སྟེང་ཐིག་གསུངས་པ་ཐམས་ཅད་ཀྱི་གནད་བསྡུས་
ན་གདུལ་བྱ་རྣམས་གནས་སྐབས་མཐོན་མཐོ་དང་མཐར་ཕྱུག་དེས་ལེགས་ཐོབ་བྱེད་ཀྱི་ཐབས་སུ་སྟོན་པ་གཉིས་
སུ་འདུ་བས། སྐྱེ་བ་སྟ་ཕྱི་མེད་ན་དེ་གཉིས་ཀྱི་གཞི་མེད་པས་ནང་པའི་གསུང་རབ་མཐར་དག་སྐྱེ་བ་སྟ་ཕྱི་
ཡོད་པའི་རྒྱ་མཚོན་ཁ་སྒག་དུ་སྟོན་པ་མ་ཟད་རང་རེས་མཐོན་སུམ་དུ་གྲུབ་པའི་ལུས་སེམས་གཉིས་ལས།
ལུས་ནི་ཐོག་མར་པ་མས་ཁུ་ཁྲག་ལས་གྲུབ་པས་མི་བའི་ཚེ་ཡང་དུར་ཁྲོད་སོགས་ལ་འདོར་རྒྱ་ལས་མེད།
སེམས་ནི་དེ་ལྟ་མིན་པ་རང་གི་རིགས་འདྲ་ཕྱི་མར་རྒྱུན་མ་ཆད་པར་འགྲོ་བས་དེ་ཡི་ཚུལ་སྐྱེ་བ་སྟ་ཕྱི་ཡོད་པའི་
རྒྱ་མཚོན་ཤེས་དགོས་པ་གལ་ཆེ་བར་བསམ་སྟེ། མི་པན་མེ་ནོར་ཁར་ནང་ཆོས་འཆད་སྐྱེལ་གྱི་སྲིད་ལུ་སྐྱབ་
ཁྱལ་བོང་ནས་ལམ་བོན་ལུས་རྒྱན་ལས་རིམ་པ་དག་དང་ཕུན་ཚོགས་ལགས་ནས་གྲུས་པའི་ཆེ་སྟ་ཕྱི་དང་
ལས་འབྲས་ལས་བརྒྱས་པའི་གདམས་སྐྱལ་བཟང་མགལ་རྒྱན། ཅན་མ་རྣམ་འགྲེལ་འེདུ་གཉིས་པའི་སྐྱེ་བ་སྟ་
ཕྱི་སྒྲ། ཕྱད་རྒྱབ་ལས་ཀྱི་རིམ་པའི་ལས་འབྲས་དང་རྟེན་འབྲེལ་སྒྲ། མདོ་མཛངས་རྒྱན། གཞན་ཡང་སྐྱེ་
བ་སྟ་ཕྱི་སྟོན་པའི་ལེགས་བཤད་རང་དང་སྐྱོ་གང་དེས་བཤད་ཁྱལ་རྣམས་འདི་གའི་སྟོབ་བྱ་རྒྱན་པ་ཨེ་མི་རྗེ་རོ་ནས་
མི་པན་ཡུལ་སྐྱེད་ཐོག་པབ་བསྐྱར་བྱས་པ་དལས་པར་འགྱེམ་བྱ་རྒྱ་ཡིན་འདུག་པས། རྣམ་དཀར་ལེགས་
བྱས་ལ་ཡི་རང་དང་སྐྱེད་ཡིག་ཁག་དུ་སྒྱུར་བ་བཏད་དང་པར་གྱི་འདུ་འགོད་གང་ཆེར་ངལ་བ་དང་ལེན་བྱེད་པོ་
རྣམས་ལ་ཕྱགས་རྗེ་ཆེ་ཞུ་རྒྱ། མི་པན་ཡུལ་འདིར་ནང་ཆོས་ལ་དོ་སྣང་རིམ་འཕེལ་འབྱུང་བཞིན་སྐྱབས་དཔེ་
རེབ་འདི་སྟ་བྱས་ཀྱང་དམ་པའི་ཆོས་ཀྱི་སྟིང་དོན་སེམས་རྒྱུད་འདུལ་བའི་ཆ་རྒྱན་བཟང་བའི་ཁབས་འདེགས་
ཡོད་པའི་རེ་སྟོན་ཞུ་བཞིན་ཡོད།

གོང་གསལ་འཆད་སྐྱེལ་སྣབས་སྐད་ཡིག་མི་འདྲ་བ་ཁག་གསུམ་ཚམ་བརྒྱུད་དགོས་སྐྱབས་བརྡོན་ཏེ་བཞིན་
སྟོང་མིན་སོགས་ཀྱིས་ནོར་འཁྲུལ་བྱུང་སྲིད་རིགས་སྐྱོག་པ་པོ་རྣམས་ལ་བཟོད་གསོལ་ཞུ་རྒྱ། ཚུལ་འདི་འབད་
ལས་བྱུང་བའི་དགེ་བས་རང་གཞན་དུས་གསུམ་དུ་བསགས་པའི་ལེགས་བྱས་ཀྱི་འབྲུ་བུར་ཐེག་མཆོག་
བཅོར་པོ་བཞི་སྐྱེན་ཀྱི་རྟེན་བཟང་རིམ་བརྒྱུད་ནག་མེད་རྟོགས་ལུང་སྐྱར་དུ་ཐོབ་པའི་བསྟོ་བ་དང་སྟོན་ལམ་གྱི་
མཚམས་སྐྱོར་དང་བཅས། སེ་པན་མེ་ནོག་དགའ་ལྟན་ཆོས་སྒྲིད་ནས་དགེ་བཤེས་ཏ་མགྱིན་རྒྱ་མཆོས།

༈ རྒྱ་བ་ ཆོས་ ལ་སྦྱལ།།

Acharya Vasubhandu señala en su libro *Tesoro del Conocimiento*: "Las sagradas enseñanzas del Buda pueden ser de dos clases: la transmisión de las escrituras (tib: *lung gyi tenpa*) y las realizaciones espirituales o experiencias (tib: *tokpe tenpa*)."

La transmisión de las escrituras abarca toda la variedad de enseñanzas hinayana y mahayana, cuya esencia está constituida por los métodos que nos permiten obtener un renacimiento temporal elevado, así como la bondad definitiva y última -Liberación o Iluminación-. Si no existieran las vidas pasadas y futuras, no habría base sobre la que edificar ninguno de esos logros.

Casi todas las escrituras budistas muestran razones lógicas para probar la existencia de las vidas pasadas y futuras, y gracias a la propia experiencia, es también posible establecer que la causa sustancial del cuerpo son el semen y el óvulo de los padres y, que una vez fallecemos, este es incinerado o enterrado. En el caso de la consciencia, sin embargo, no es tan claro. La mente de la vida pasada actúa como causa sustancial de la mente de la vida presente y su continuidad similar viaja del pasado al futuro de manera ininterrumpida.

Porque me parece muy importante dar a conocer algunas de las razones lógicas que avalan la existencia de las vidas pasadas y futuras, desarrollé este tema en Menorca, a modo de humilde contribución a la propagación de las enseñanzas budistas. Para ello me he basado en un texto que explica la teoría budista del karma y las vidas pasadas y futuras, *Collar de la Buena Fortuna*, cuyo autor es Gen Lamrimpa, de Drepung; lo compuso durante los años en que la revolución cultural china estaba en su punto más álgido.

He añadido algunos datos significativos, procedentes del segundo capítulo del *Pramanavatika* de Dharmakirti, relativos al karma y la relación dependiente; otros procedentes del *Lam Rim* y del *Sutra del Sabio y el Necio*. Por último, he introducido también los puntos más esenciales de otros textos relativos a la reencarnación.

Puesto que en España hay un número cada vez mayor de personas que estiman y respetan el Budadharma ofrezco mis oraciones para que este libro sea para ellos un apoyo valioso en su práctica.

Ojala inspire en quienes lo lean el deseo de domar su mente y practicar la esencia del Dharma. Cuando estas enseñanzas fueron impartidas, pasaron por tres traducciones y aunque han sido posteriormente revisadas, es posible que se haya filtrado algún error. Pido disculpas al lector por este motivo. Elevo oraciones de aspiración para que la virtud de nuestros esfuerzos, unida a la bondad que los demás han acumulado en los tres tiempos, haga posible que vida tras vida, disfrutemos de este excelente renacimiento humano dotado con los cuatro círculos del mahayana y con presteza alcancemos la Iluminación insuperable y perfecta.

Le agradezco sinceramente a mi antiguo estudiante Isidro Gordi, el haber tomado la virtuosa responsabilidad de traducir, recopilar y publicar este trabajo. Es algo que me hace muy feliz. Deseo también hacer extensivo mi agradecimiento a los que han contribuido en la preparación de este libro.

Prefacio de S. S. el Dalai Lama

Es excelente para los españoles interesados en el Budismo que se publiquen las enseñanzas impartidas por Gueshe Tamding Gyatso. Este libro proporcionará a mucha gente la oportunidad de saborear el néctar de la doctrina budista. Deseo a todos lo mejor y elevo mis plegarias para que alcancéis la felicidad temporal y última.

Introducción del traductor

Pramana en sánscrito, *tsema* en tibetano, y *percepción válida* en castellano, son términos que hacen referencia a la misma parte de la enseñanza budista, desarrollada por Dignaga en el siglo cuarto. El texto que compuso fue *Compendio de la Percepción Válida* (skt: *Pramanasamucaya*). Posteriormente el sabio Dharmakirti que vivió en la India 630 años después de Cristo, clarificó estas enseñanzas iniciales con su *Comentario al Compendio de la Percepción Válida* (skt: *Pramanavatika*). Más tarde y gracias a grandes eruditos tibetanos entre ellos Sakya Pandita, Je Tsong Khapa o Gyaltsab Je, este estudio se estableció en el Tíbet.

Pero ¿qué es *Pramana?* Es uno de los Cinco Grandes Textos que aún hoy se siguen estudiando en los monaterios de la tradición guelupa para acceder al grado de Gueshe. He oído de boca de mi Maestro, el Ven Gueshe Tamding Gyatso, que durante su formación, los meses de noviembre y diciembre se desplazaba junto a otros monjes desde Ganden al monasterio de Jan Gon Choe, para debatir sobre el *Pramanavatika*.

El estudio de *pramana* tiene la función de ayudarnos a comprender correctamente los tres niveles de realidad: la realidad evidente, la escondida y la muy escondida.

La realidad evidente es la que podemos percibir de forma directa: formas, sonidos, olores, sabores y objetos del tacto, así como los propios pensamientos.

La realidad escondida atañe a objetos de conocimiento como la vacuidad, la reencarnación, la ley del karma, la autenticidad de la omnisciencia del Buda y la validez de su palabra, sintetizada en las cuatro verdades nobles.

La realidad muy escondida se refiere a aspectos extremadamente sutiles de la ley de causa y efecto.

Un ser ordinario no puede percibir directamente la realidad escondida ni la muy escondida, de la que se nutren, precisamente, las enseñanzas de Dharma y el único puente de que dispone para percibir los fenómenos que configuran estas dos realidades es hacer uso de ciertas líneas de pensamiento lógico que le hagan despertar mentes deductivas correctas.

En general, tanto la percepción directa como la deductiva son consideradas mentes válidas porque entran en contacto de manera correcta con los fenómenos evidentes y los que no lo son tanto, pues en ambos casos se trata de fenómenos existentes. Según la filosofía budista una definición de fenómeno existente es "lo que es conocido por una mente *pramana*".

Es una gran fortuna que el venerable Gueshe Tamding Gyatso nos introduzca con este libro a unos pocos versos del *Pramanavatika*, basándose en un texto compuesto por su amigo, Gen Lam Rimpa (1922-1997).

Gueshela explicó reiteradamente a lo largo de las enseñanzas orales, (sustancia en la que me he basado para preparar *Karma y Renacimiento*) que aceptar la reencarnación es vital para tener una buena comprensión del *Lam Rim* -Etapas del Camino a la Iluminación-. Sin abordar las dudas, resistencias y bloqueos que muchos tenemos en relación a este principio que sustenta la filosofía budista, es muy difícil que el *Lam Rim* arraigue en nuestro interior.

Es necesario efectuar un "salto" desde la creencia fija de que la *única* realidad es la que perciben nuestros sentidos físicos, hasta la aceptación de que existen también otros fenómenos no tan evidentes. Para ello, nada mejor que familiarizarnos con la lógica del *pramana*.

En *Karma y Renacimiento* encontraremos puntos de reflexión que nos harán agudizar el intelecto para despertar un conocimiento deductivo que nos pondrá cara a cara con la veracidad de la ley del karma y la reencarnación. De este modo, estos objetos, hasta ahora no evidentes, dejarán de serlo para nosotros.

En la sección relativa a la ley de causa y efecto o karma, Gueshela ha utilizado anécdotas y símiles extraídos de las escrituras clásicas. Tomados en su forma literal algunos nos pueden parecer irreales o incluso infantiles, pero el conocimiento que encierran se esconde detrás de la aparente simplicidad. Si no tenemos en cuenta este hecho seremos como aquel que en vez de mirar la luna se queda absorto contemplando el dedo que la señala.

Quizá lo más significativo del estudio de *pramana* es que nos permite *ver* que las percepciones e ideas que tenemos acerca de la realidad y los juicios que emitimos no son de fiar, a menos que procedan de una mente válida. Esto nos animará a cuestionar las "razones" que subyacen detrás de afirmaciones tan populares como: "Sólo creo lo que veo", "la reencarnación no existe", "el estado de Buda no existe", "con la muerte todo se acaba"...Y, en cambio, quizá después de profundizar en ellas desaparezcan las dudas acerca de cuestiones tan trascendentes como: "Dónde iré después de mi muerte".

Un agradecimiento especial a Marta Moll por su trabajo de corrección del texto, a Shanti Gordi por transcribir el material y a Federica Mahieu por su portada del Buda Manyushri.

Isidro Gordi
Son Gall. Ciutadella de Menorca
2-V-1998

Introducción al texto

Durante el verano del año 1995 viajé al Nepal y por vez primera, después de treinta y cinco años en el exilio regresé al Tíbet acompañado de mis discípulos, Isidro y Marta. En Lhasa me reuní con el meditador y erudito Gen Lamrimpa (1922-1997). Este humilde monje había recibido el título de Gueshe antes del 1959, año de la invasión China. Era un experto conocedor de los Cinco Grandes Textos -Vinaya, Pramana, Abhidharma, Prajnaparamita y Madhyamaka-, sin embargo, puesto que basaba toda su práctica en el *Lam Rim* se le conocía como Gen Lamrimpa (Maestro experto en *Lam Rim)*. Aunque ya tenía ochenta años, su aspecto físico era inmejorable. Me comentó que en 1966 había compuesto un texto breve y esencial de *pramana* o percepción válida, probando la existencia de la reencarnación y el karma. Inmediatamente pensé que sería una buena idea transmitirlo oralmente en Menorca para que fuese publicado, posteriormente.

En 1959, tras la invasión China, Gen Lam Rimpa fue encarcelado durante dos años. A lo largo de su cautiverio, aunque la comida era muy escasa, compartía su pobre ración con otros compañeros de celda. Cuando recobró su libertad regresó al monasterio de Drepung y siguió con sus estudios. Durante la revolución cultural de 1966 los tibetanos fueron obligados a destruir monasterios, imágenes santas y textos. En un mitin Gen Lam Rimpa se pronunció públicamente en contra de dichos actos y declaró que estaba dispuesto a volver a la cárcel antes que caer en esa negatividad. Después de su desafío los chinos le maltrataron y fue obligado a hacer trabajos forzosos.

También en esta época los chinos empezaron una campaña de propaganda en contra del Dharma, negando la existencia de las Tres Joyas, las vidas pasadas y futuras y las acciones y sus resultados o karma. Consiguieron confundir a muchos y Gen Lam Rimpa ante esta desafortunada situación se motivó así:

En esta época en que el sol del Dharma se
desvanece, aunque uno tenga sólo la luz de una luciérnaga,
debe hacer todo lo posible para impedir que la
oscuridad prevalezca.
Tal como utilizan los que están en el lado oscuro
todas sus fuerzas para empujar a los demás
hacia las visiones erróneas, debo yo utilizar mi pobre
capacidad para conducirles hacia el buen camino.

Motivado con estos buenos deseos, Gueshe Lam Rim compuso este *Collar de la Buena Fortuna* que ahora está en tus manos.

El Collar de la Buena Fortuna

El Collar de la Buena Fortuna de Gen Lamrimpa empieza rindiendo el homenaje siguiente:

Tras ofrecer ramos de flores con fe sincera y
respeto, a los pies de Manjugosha hago brillar
esta lámpara de la doctrina para que yo y los
demás evitemos el abismo del nihilismo.

Manjugosha es como se conoce también al Buda de la sabiduría Manyushri. Él siente compasión hacia todos los seres, como una madre hacia sus hijos, y comprende que los fenómenos no son intrínsecos, por ello carece de visiones erróneas. Es un ser omnisciente pues ha superado todos los aspectos negativos de su interior y desarrollado todos los positivos.

La enseñanza budista se basa en la ley del karma o causa y efecto, a su vez fundamentada en la existencia de las vidas pasadas y futuras. Es decir, esta ley se apoya en la continuidad de la consciencia que viene de una existencia anterior y se dirige más allá de los confines de esta vida. Por este motivo, el objetivo primordial de toda práctica de Dharma, sea de sutra o de tantra, no es obtener *únicamente* bienestar en este corto espacio de vida sino procurar obtener felicidad en las vidas futuras. La actitud de anhelar felicidad en el futuro es natural en los seres. Por ejemplo, de jóvenes todos deseamos llegar a viejos sin pasar penurias y tener una vida feliz. Si no existiesen las vidas futuras para cada uno de nosotros, sería absurdo e innecesario practicar un sendero espiritual.

Las ochenta y cuatro mil enseñanzas de Sakyamuni Buda tienen como objetivo que todos los seres obtengan los dos logros: el temporal y el último. El logro temporal de la práctica de Dharma es asegurarse renacer en un reino superior en la vida siguiente; el logro último, o bondad definitiva, es alcanzar la Liberación y la Iluminación.

La enseñanza del Lam Rim explica que los seres pueden tener tres niveles de práctica: inicial, media y superior. Las prácticas para los seres de capacidad inicial persiguen renacer en los reinos afortunados y evitar migraciones inferiores. En otras palabras, experimentar situaciones en la vida más agradables y apartarse de las desagradables. Las prácticas de los seres de capacidad media, además, persiguen liberarse del sufrimiento inherente al samsara y alcanzar el Nirvana. Las prácticas de los seres de capacidad superior pretenden despertar la bodhichita para poder alcanzar el estado omnisciente de un Buda y así liberar a los demás de su sufrimiento.

Sakyamuni Buda enseñaba desde su experiencia completa del camino, sin embargo nosotros, sus estudiantes, hemos de poner la enseñanza en práctica si deseamos alcanzar su nivel. Un enfermo acude al médico para que le cure pero es el paciente mismo quien ha de curarse siguiendo el consejo del médico, o tomando la medicina que le haya recetado.

Vivir de acuerdo con la ley de causa y efecto es la práctica primordial o Joya del Dharma de un ser de capacidad inicial. Un ser de capacidad inicial necesita usar su inteligencia y fe basada en la lógica: una convicción que crece tras estudiar y comprender cómo funciona la ley de causa y efecto. Esto destruye la ignorancia que desconoce dicha ley y deja en su lugar la sabiduría. Nagaryuna en su *Guirnalda Preciosa* aconsejó desarrollar estos dos aspectos así:

> Movido por la fe se entrega uno a las prácticas;
> gracias a la sabiduría uno conoce la verdad;
> de entre las dos, la sabiduría es la primera
> y la fe su requisito indispensable.

La más importante de las Tres Joyas es la Joya del Dharma que consiste básicamente en vivir de acuerdo con la ley de causa y efecto. Nos augura la felicidad y nos aparta del dolor porque practicaremos lo positivo y evitaremos lo negativo.

Muchos filósofos no aceptan la existencia de las vidas pasadas y futuras; sostienen que la vida fue creada por un Dios creador. Pero si nos preguntamos quién creó a este ser omnipotente, nos resultará difícil encontrar una respuesta satisfactoria. De momento no podemos ver directamente la existencia de las vidas pasadas y futuras; sólo nos es posible percibirlas de forma indirecta haciendo uso de razonamientos lógicos.

Para convencernos de la existencia de la ley de causa y efecto o karma, es vital también aceptar las vidas pasadas y las futuras. Por ello el texto empieza con estas divisiones:

La ley de causa y efecto
> La base de la ley de causa y efecto.
> La ley de causa y efecto y su dependencia.

La base de la ley de causa y efecto
> Establecer la existencia de las vidas pasadas y futuras.
> Eliminar las visiones erróneas que sostienen la inexistencia de las vidas pasadas y futuras.

Establecer la existencia de las vidas pasadas y futuras
> Citas de las escrituras.
> Razonamientos.
> Ejemplos.
> Historias para generar convicción.
> Ventajas de tener en cuenta la existencia de las vidas pasadas y futuras.
> Desventajas de no tener en cuenta la existencia de las vidas pasadas y futuras.

Citas de las escrituras
Para practicar el Dharma debemos apoyarnos en su origen que son las escrituras de Sakyamuni Buda. ¿Por qué? Porque Sakyamuni Buda es un ser válido, lo cual significa que es de fiar. No creemos en sus enseñanzas sólo por la fe ciega sino porque *sabemos* que se trata de alguien intachable. Y si comprendemos que es una persona válida sabremos que su palabra también lo es.

Existen tres tipos de objetos de conocimiento: evidentes, escondidos y muy escondidos. El Buda es alguien que conoce y tiene acceso a estos niveles de conocimiento sin error y es capaz de mostrar perfectamente lo que en ellos se encuentra. He aquí una muestra de algunas citas suyas recogidas en los Sutras:

> Quien va de una vida a otra no es una entidad
> permanente.
> La consciencia no cesa por completo al morir y obtener
> otro renacimiento.

Sin embargo, para aceptar la existencia de las vidas pasadas no basta con pensar: "Si el Buda ha dicho que existen debe ser verdad". Él mismo recalcó:

> Los monjes y los eruditos deberían analizar mi
> enseñanza tan bien como uno analizaría el oro.
> Por medio de derretir, refinar y abrillantar y sólo
> adoptarlas después y no por mostrarme respeto.

Por ello, debemos analizar los razonamientos que siguen a continuación.

Razonamientos

Como se ha mencionado, el estudio del budismo ha de apoyarse por un lado en los sutras y por el otro en la lógica. La enseñanza del Buda puede observarse desde dos niveles: el interpretativo y el definitivo. Para comprender la intención de la enseñanza se requiere el ejercicio de la lógica que se utiliza para establecer su sentido aparente y último. Sólo así puede interiorizarse la palabra de Buda y usarse como medio para generar la experiencia directa de la enseñanza.

Para demostrar la existencia de las vidas pasadas y futuras se pueden usar cuatro razonamientos:

Establecer el fundamento desde el punto de vista del aspecto previo de naturaleza similar.

Establecer el fundamento desde el punto de vista de la causa sustancial precedente.

Establecer el fundamento desde el punto de vista de las tendencias o el hábito previo.

Establecer el fundamento desde el punto de vista de la experiencia previa.

Establecer el fundamento desde el punto de vista del aspecto previo de naturaleza similar

El *Pramanavatika* de Dharmakirti desarrolla ampliamente la lógica que avala la existencia de las vidas pasadas y futuras cuya base es la afirmación de que es imposible nacer si lo que nace no depende de un aspecto previo de naturaleza similar. Según este texto, la respiración, los distintos poderes sensoriales, y la consciencia dependen de un aspecto similar previo. Nuestro nacimiento no implica únicamente aspectos físicos. Estamos formados de respiración, poderes sensoriales y mente, y todos ellos dependen necesariamente de un aspecto similar previo. Este clásico lo cita así:

Al nacer, la respiración, los poderes sensoriales
y la mente no proceden sólo del cuerpo,
sino que dependen de su propio aspecto similar.
De lo contrario se darían circunstancias
extremadamente absurdas.

Si asumimos que la consciencia tiene su origen en la materia, tendremos que aceptar que cualquier efecto puede tener causas irrelevantes con las que carece de relación. Todo podría ser el efecto de cualquier cosa, sin que existiera relación alguna con su causa.

La persona consta de cuerpo y mente y tanto uno como la otra tienen su propia causa sustancial. El origen del cuerpo ha de ser algo material y el de la mente, algo inmaterial.

La causa sustancial de nuestro cuerpo actual fue el semen y el óvulo de nuestros padres. Sin embargo, la mente no surgió de ellos sino de una continuidad mental previa de naturaleza similar: nuestra mente de la vida anterior. Nuestros padres actuales nos han proporcionado el cuerpo que ahora disfrutamos y puede que nuestros rasgos físicos sean parecidos a los de ellos pero éste no es el caso con la mente: padres inteligentes pueden tener hijos estúpidos y viceversa.

Un efecto, un fenómeno, ha de tener como causa un aspecto previo similar. Si entendemos que la mente ha de ser anterior a la unión del semen y óvulo que originó nuestro cuerpo actual, nos costará poco aceptar que las vidas pasadas existen. Si la causa de la mente no es la misma que la de los poderes sensoriales y la respiración, sólo puede hallarse en sus momentos previos: el continuo mental pasado. El *Pramanavatika* dice:

Considera la mente de un recién nacido,
surge de un instante previo de consciencia
porque es consciencia, a semejanza de la mente
del presente.

Si algo es consciencia, necesariamente ha de venir precedido de un instante anterior de consciencia.

La medicina ha avanzado tanto que hoy puede producir un nuevo ser en un laboratorio, pero esto ni explica ni prueba que la causa directa de la consciencia de ese nuevo ser sean únicamente el semen y el óvulo. Para que se produzca una concepción, además del semen y el óvulo, ha de estar presente la consciencia del que fue un ser del bardo -estado entre la vida anterior y la presente- tal como se detalla en el libro *Muerte y Reencarnación·*

El primer instante de consciencia en la concepción de un ser proviene del último instante de la mente de ese mismo ser cuando estaba en el bardo. La mente existente en el momento de la concepción es una continuidad de la mente del bardo. Y esa mente del bardo es una continuación del último instante de ese ser antes de morir.

Una de las cualidades de la mente es, por cierto, que su continuo previo crea el continuo inmediatamente posterior, éste crea el siguiente y así de manera sucesiva. Esta corriente de consciencia es como el fluir de un río que no se detiene jamás.

Este mismo proceso, puede aplicarse también a los fenómenos producidos: cualquier cosa material. Cuando cesa el momento anterior del producto aparece el continuo posterior del mismo producto. Una definición de producto es "aquello que, una vez iniciado su primer instante, no permanece estático". Es decir, cesa el primer instante del producto y surge el instante posterior. Por supuesto, el instante anterior tiene un aspecto similar al posterior. Todo producto tiene un momento previo de aspecto similar sin el cual no podría tener una continuidad.

Muchos creen que el cerebro es sinónimo de mente, cuando, en realidad son fenómenos diferentes. El cerebro es una de las sedes de la mente pero esto no significa que sea la mente. Si lo fuese, deberíamos sostener que la mente de un cadáver está viva porque su cerebro aún está allí. Mientras la base mental está presente, los sentidos pueden funcionar; cuando la base se detiene, los sentidos también. Desde el punto de vista del tantra, la mente se sostiene gracias al entramado de canales, aires y gotas y si el cerebro está dañado, la mente no podrá fluir como debe, pero esto *sólo* significa que están interrelacionados.

"De naturaleza similar" también da a entender que la consciencia o mente de una persona particular no puede convertirse en la de otra.

Establecer el fundamento desde el punto de vista de la causa sustancial precedente
El *Pramanavatika* dice:

> Aquello que no es consciencia no puede ser la
> causa sustancial de una consciencia o mente.

La causa sustancial de algo material ha de ser material y la causa sustancial de la mente ha de ser inmaterial. Una consciencia no puede producir un objeto material y viceversa. El *Pramanavatika* añade:

> Considera la mente presente en el momento de
> ser concebida en esta vida, surge de una causa
> sustancial que es su mente previa porque es
> consciencia. A semejanza de la consciencia de hoy.

Todos los fenómenos dependen de dos causas: la causa sustancial y la causa secundaria. La causa sustancial de una cosecha de arroz, por ejemplo, son sus semillas. Las causas secundarias son el agua, la humedad o el calor. "Sustancial" indica que la causa que produce un efecto no se pierde del todo. La semilla germina, se transforma en planta y produce arroz, este proceso produce más semillas que darán más plantas y más arroz y así sucesivamente.

La causa sustancial de nuestro cuerpo son el semen y la sangre de nuestros padres. Las causas secundarias son todas aquellas condiciones que favorecen el efecto de la causa sustancial. Un objeto material puede actuar como una causa secundaria para producir consciencia: la consciencia visual surge debido al encuentro entre el poder visual y un objeto. El objeto actúa como causa secundaria para que se produzca la consciencia pero esto no significa que la materia pueda convertirse en consciencia o mente. La consciencia actúa como causa secundaria para el cuerpo y viceversa.

Esta lectura actúa como causa secundaria para que el lector genere sabiduría, pero la causa sustancial de dicha sabiduría es un instante previo de mente y de sabiduría. La consciencia o mente depende siempre de un momento previo de consciencia.

El origen de la mente de este preciso instante no es otro que el instante inmediatamente anterior. Siguiendo este continuo retroceso podemos llegar hasta la mente del instante de la concepción y la de cuando estábamos en el bardo. Nunca encontraremos *un primer instante de consciencia*. Shantarakshita lo mencionó de esta manera:

> La consciencia del ser cuando es concebido
> surge de su propia causa sustancial, del mismo
> modo que lo hace la consciencia del momento
> presente; es así porque ambas son consciencia.

Tanto el instante previo de naturaleza similar -antes explicado- como la causa sustancial precedente que se explica ahora, se encuentran en la vida anterior. El aspecto previo de naturaleza similar de nuestra mente actual ha de ser un instante previo de ella misma, no viene de nuestros padres. Al morir, este continuo mental se dirigirá hacia una vida futura y el cuerpo será incinerado o enterrado. La mente viene del pasado y se dirige hacia el futuro, carece de principio o fin. Nuestro cuerpo, en cambio, tiene un principio y un final.

Todos los fenómenos pueden dividirse en estáticos o transitorios. Los fenómenos estáticos no son producto de causas como sí lo son los transitorios que, además, nacen y decaen. Esta división puede llegar a profundizarse mucho. Como todos los fenómenos transitorios, una flor tiene dos causas: sustancial y secundaria. La causa sustancial es su semilla, cuyo origen lo encontraremos en una flor previa. Pero, por sí sola, la causa sustancial no puede producir la flor, son necesarias sus causas secundarias: el suelo, el agua y el calor.

Las causas que producen el cuerpo y la mente son diferentes porque el cuerpo no puede transformarse en mente ni al contrario. La causa sustancial de nuestro cuerpo es el semen y el óvulo de nuestros padres; las causas secundarias serán el alimento, el aliento, etc. Pero, la causa sustancial de la mente de esta vida ha de ser una mente que ha viajado del pasado al presente; una piedra no puede ser su causa sustancial.

Nuestra vida procede del último aliento de la vida pasada, aquella, de la inmediatamente anterior y así de manera interminable. Si analizamos nuestra consciencia de hoy veremos que surge de la de ayer, ésta de anteayer y así podemos retroceder hasta nuestro nacimiento y concepción, es un continuo cuya causa sustancial es la consciencia misma.

Si algo es mente debe provenir de un instante previo de mente, no puede surgir en esta vida como el cuerpo. La mente del moribundo produce una mente samsárica futura porque no esta libre del ansia y el aferramiento y por ello sigue renaciendo. En general, podemos decir que hay mentes que van del pasado al presente y otras que van del presente al futuro, pero algunas no van del presente samsárico a un futuro samsárico porque está libres de engaños. Este es el caso de los Arhats y los Budas.

Establecer el fundamento desde el punto de vista de las tendencias o el hábito previo

Según el *Pramanavatika:*

Es obvio que el apego y los demás engaños surgen

gracias a la familiaridad o tendencia previa.
Sería contradictorio sostener que se desarrollan
sin causa alguna.

Todos los seres manifestamos apego, odio, ignorancia, resentimiento y tantos otros engaños. Estas "tendencias" no han sido creadas en esta vida sino en las vidas pasadas. Nuestra predisposición o tendencia hacia los engaños es el producto de una familiaridad adquirida, no aparecen de repente sin una razón. Si surgiesen de repente, estaríamos ante un fenómeno que no depende ni de causa sustancial ni de causas secundarias.

Desde nuestro nacimiento, todos los seres, también los animales, tendemos a generar dichos estados sin que nadie nos los haya enseñado ya que en el pasado nos hemos familiarizado con ellos. Por otro lado, nos resulta difícil manifestar mentes positivas como el amor, la paciencia o la generosidad, precisamente por la falta de familiaridad con tales virtudes. Y en el caso de que surjan, duran poco tiempo. Todo factor mental depende de la familiaridad previa. El *Pramanavatika* nos recuerda:

> Considera la consciencia de un recién nacido;
> viene precedida de un momento previo de hábito
> causal porque es consciencia. Como el apego y el odio
> que existen ahora en nuestro propio continuo mental.

La tendencia, que es producto del engaño generado en el pasado determina nuestros hábitos y propensiones presentes.

Que los cachorros sepan mamar sin haberlo aprendido de nadie, es señal de que siguen las tendencias creadas en sus vidas pasadas. Aryasura en *Los Cuentos de Jakata* dice:

> La mente sin fuerza de aquel que nace, cuyos
> sentidos son aún débiles, busca el pecho de su
> madre para alimentarse aunque no le han
> enseñado a hacerlo, es obvio que ello se debe a
> que ya tenía esta costumbre en otras vidas.

La naturaleza de la mente de un recién nacido es sutil y tanto sus poderes sensoriales como su poder mental no están desarrollados. Como no puede percibir cosas externas, sus engaños no están muy definidos; pero sin que nadie le enseñe ya sabe cómo llorar, comer, enfadarse o reír. ¿Por qué? Porque ya lo ha hecho en sus vidas previas.

Si llegamos a comprender la influencia que representan ahora mismo nuestras tendencias o hábitos pasados, aceptaremos la validez del renacimiento. Lo importante es darse cuenta de que las tendencias creadas en el pasado dan lugar a los engaños del presente. El apego, el odio, la envidia y derivados son fruto de nuestras tendencias previas, así como la facilidad para que aparezcan de forma automática. Si afirmamos que los engaños surgen sin necesidad de una tendencia previa estaremos aceptando que los engaños no tienen causa. Según haya sido la tendencia previa, una persona será más propensa al odio y otra al orgullo. La dirección por la que fluye nuestra mente la determina siempre la tendencia previa.

Hay personas muy hábiles en temas científicos, otras en aprender idiomas y algunas aunque se esfuercen, no lo consiguen. Estas diferencias son debidas a las tendencias. Esto es algo que a menudo oímos comentar. Y es lógico porque si el conocimiento no dependiera de las tendencias, todo el que se lo propusiera debería ser experto en los distintos campos de conocimiento.

Mentes válidas como la renuncia, la bodhichita, el esfuerzo, la fe, la sabiduría y tantas otras, surgen también gracias a la familiaridad. Una persona ordinaria no está muy habituada a ellas y las genera con dificultad. Por otro lado, mentes inválidas como la ignorancia y el enfado salen sin esfuerzo, porque el ser ordinario está muy habituado a ellas.

Pero podemos cambiar la dirección de nuestras tendencias, de este modo, gradualmente, lo positivo será lo habitual. No en balde Shantideva decía en una de las estrofas del capítulo de la paciencia de su *Guía*:

Una vez habituado no habrá
nada que me sea difícil.

Aunque la capacidad de la mente para familiarizarse con un objeto virtuoso es ilimitada, las actividades físicas tienen un límite. Un saltador de altura puede adiestrarse pero llega a un límite que no puede superar. Si calentamos agua la temperatura de la misma tiene un límite. La capacidad de la mente para familiarizarse con mentes válidas es, en cambio, ilimitada: puede desarrollarse hasta llegar a la Iluminación. Sin embargo, la familiaridad con los engaños, puesto que cada uno de ellos tiene un antídoto es limitada también.

Establecer la base desde el punto de vista de la experiencia previa

"Experiencia" es todo aquello que vivimos, sentimos, en definitiva, experimentamos. La sensación que puede ser, agradable, desagradable o neutra nos permite experimentar el mundo. *Los Cuentos de Jataka* dicen:

> Por medio de concentraciones meditativas
> bien practicadas la memoria se vuelve clara.
> En consecuencia hay memorias de vidas pasadas
> de las que se deduce la existencia de la vida después

Hay seres especiales que a través del poder de su concentración pueden recordar las vidas previas. Si seres tan elevados pueden recordar sus vidas pasadas es señal de que existen, en caso contrario no podrían recordarlas. La experiencia es lo primero y el recordarla viene después. Si reconocemos a un amigo al que no hemos visto durante largo tiempo, le recordamos porque ya le conocíamos. En general, si no generamos una sensación de cercanía con alguien es porque no hemos tenido ninguna vivencia con esta persona.

Si recordamos el gusto ácido del limón después de mucho tiempo es debido a que ya lo habíamos probado en el pasado; sin haberlo experimentado no podríamos recordar su sabor. Sólo recordamos aquello que hemos experimentado previamente.

Es posible que por medio del poder de la concentración podamos recordar las vidas pasadas. Entonces podemos deducir que la reencarnación existe porque es imposible recordar algo que no haya ocurrido.

Ejemplos

En una ocasión el Buda le dijo a un rey:

Oh gran rey, aquellos seres que transmigran de este
mundo al del más allá, cuando renacen no son ni
migradores permanentes, ni no existentes, no son
producidos sin causa, ni son hechos por un Creador.
Nacen debido a la reunión de las causas
y las condiciones que son los actos y los engaños.

El *Sutra de la Muerte y el Nacimiento* nos da ocho ejemplos para entender la manera en que la mente del pasado se conecta con la presente. Ignorar que un fenómeno cesa pero, aún y así forma su continuidad posterior, nos hace caer en el nihilismo -por ejemplo pensar que la persona perece por completo al morir-. También nos hace caer en el eternalismo -pensar que permanece eternamente-. El Buda en los siguientes ocho ejemplos explicó cómo la vida previa cesó pero su continuidad formó la vida presente al igual que la continuidad presente formará la del futuro.

La comprensión de un discípulo de las enseñanzas de su Maestro

En cierto modo, el conocimiento del Maestro se conecta o vincula con la mente del discípulo. "Conectar" en el sentido de que cuando el estudiante *entiende* lo que expone el Maestro, se establece un vínculo: lo que el Maestro sabe, lo aprende el estudiante. Sin embargo, cuando el Maestro enseña y el estudiante aprende no sucede que el conocimiento del primero se transfiera a la mente del segundo, perdiendo el Maestro su conocimiento. Este ejemplo indica que la consciencia anterior que desconocía algo se transforma en la consciencia posterior que ahora lo conoce gracias a las indicaciones del Maestro.

También sucede que al observar repetidamente los gestos y la voz de un cantante, alguien pueda llegar a imitarlo a la perfección. De nuevo esto es debido a la "conexión" entre la consciencia que ha observado repetidamente sus gestos y la consciencia que sabe imitarle. Este ejemplo vale para explicar cómo la consciencia previa se vincula con la posterior.

La llama de una vela nos permite encender otra

El flamear de una vela no es algo estático porque al consumirse la cera su intensidad se reduce y acaba apagándose. Pero tampoco podemos decir que sea no estático porque gracias a la primera podemos encender una segunda vela. Establecer que la continuidad de la vela no se extingue, nos libera del eternalismo y del nihilismo. Es decir, nos libera de pensar que el ser migrador que va de una vida a otra cese por completo o no cambie.

La imagen en el espejo

Aunque no estamos dentro del espejo, nuestra imagen se refleja en él. Del mismo modo, debido a que existen las vidas previas, ahora se refleja la imagen de la vida presente. La muerte en nuestra vida pasada proyectó nuestro reflejo en el bardo que al cesar, nos reflejó en el nacimiento. No somos exactamente lo mismo que en la vida anterior pero tampoco podemos afirmar que seamos totalmente distintos.

El sello que queda impreso

El tipo de nacimiento que obtenemos en el samsara depende del sello de nuestro karma: imprimir un sello de actos positivos es causa para renacer en reinos afortunados y dejar en la mente la impronta de un sello negativo nos lleva a renacer en estados de dolor.

La lupa produce fuego

Aunque la naturaleza de una lente de aumento es de por sí fría, puede producir fuego. Cuando la exponemos a los rayos del sol, hace arder la hierba seca. Del mismo modo, aunque parezca imposible, migrar de una forma a otra es lo habitual. Un ser humano puede renacer como dios y un dios puede renacer como animal. En resumen, aunque la lupa es diferente del fuego, puede producirlo; es decir, fenómenos que aparentemente no tienen relación entre sí pueden tenerla y por ello el ser puede ir cambiando su condición a lo largo de las migraciones.

Aunque la semilla deja de serlo cuando brota, su continuidad no cesa

Cuando nace el trigo, la semilla deja de serlo, pero no significa que su continuidad haya desaparecido por completo. Su continuidad es el brote y más tarde la cosecha que da lugar a nuevas semillas. De la misma manera, las acciones que hemos acumulado en vidas previas crean lo que nos acontece en ésta. Aunque las semillas han brotado, su continuidad prosigue. Tampoco la persona cesa totalmente, su continuo sigue; viene del pasado al presente y va del presente al futuro. Aunque la persona del pasado ya ha desaparecido, habrá dado lugar a su continuidad presente. La persona del presente también desaparecerá y su continuo, formará la persona del futuro. Sin embargo, no podemos decir que la persona de hoy sea idéntica a la de ayer.

Recordar el sabor amargo aun cuando no se experimenta

Quien ha probado la acidez del limón recuerda este sabor e incluso se le hace la boca agua. Lo recuerda porque lo ha experimentado previamente. Del mismo modo, renacer es consecuencia de causas creadas en el pasado. Dichas causas han cesado pero su producto, su continuidad, prosigue. Las causas que han provocado nacer en un lugar concreto cesaron al morir pero, aun y así, hemos nacido en dependencia de ellas.

El sonido del eco

Cuando se emiten voces en una cueva o un valle se forma el eco, pero si buscamos dónde está el sonido no podremos hallarlo. No surge de la cueva, del valle, del sol o del aire. El eco es producto de varias causas y condiciones interrelacionadas; no se produce por sí solo. De la misma manera, nuestro renacimiento depende de causas y condiciones interrelacionadas. Estas causas son los engaños, el karma y nuestros padres.

Reflexionar profundamente en el significado de cada uno de estos ocho ejemplos nos libera de teorías eternalistas o nihilistas. Por ejemplo, razonar acerca de que una semilla da paso a un brote y éste a una flor nos libera del eternalismo. Pero entender que la semilla cesa y simultáneamente aparece un brote nos libera del nihilismo. Entender su naturaleza cambiante nos libera de la permanencia o eternalismo; entender su continuidad nos libera del nihilismo. Creer que no hay relación en absoluto entre la persona del pasado y la del presente y que el individuo cesó por completo, es el extremo del nihilismo. Creer que el ser se forma sin causas es el extremo del eternalismo.

La base para probar que la mente de esta vida depende de la anterior no es el cuerpo físico sino nuestra consciencia. El cuerpo lo producen los elementos físicos de nuestros padres, no requiere de un continuo previo. Pero la consciencia tiene como causa sustancial la corriente mental de la vida pasada. Además, su calidad presente depende de tendencias previas buenas, malas o neutras. Si logramos entender que la mente viene del pasado, aceptaremos la existencia necesaria de las vidas previas.

Cuando conseguimos establecer la existencia de las vidas pasadas, indirectamente confirmamos la existencia de las vidas futuras. No hay razón para negar que la consciencia (que viene del pasado) no siga hacia el futuro.

Aunque hubiera una sola persona capaz de recordar las vidas previas, indicaría que éstas son reales. La naturaleza de la mente es un fluir continuo sin espacios, incluso cuando lleguemos a la Iluminación, seguirá. Quien no está libre de engaños tendrá que conectarse a otro nacimiento en samsara. Por último, el *Pramanavatika* señala:

> ¿Por qué si el migrador poseía la capacidad para
> vincular las vidas pasadas con la presente, no ha de
> ser ahora capaz de vincular la vida presenta con la
> futura?

Historias para generar convicción
Anécdota de una de las vidas previas del Buda.
Anécdotas de Bodhisatvas y Arhats.
Anécdotas de grandes yoguis indios y tibetanos.
Gente ordinaria que recordó sus vidas previas.

Anécdota de una de las vidas previas del Buda

En los *Cuentos de Jataka* se recogen muchas anécdotas ocurridas en las vidas previas de Sakyamuni Buda, relatadas por él mismo. Algunas de las historias acontecen cuando Sakyamuni era todavía un ser ordinario y otras cuando era un Bodhisatva. De todas estas anécdotas, he escogido una que el noble Buda relató a Ananda, su asistente y discípulo principal:

Hace miles de años vivió un rey de nombre Mahayana que gobernaba a miles de súbditos. Tenía tres hijos, el mayor se llamaba Mahananda, el segundo Mahadeva y el menor que desde su infancia era de naturaleza compasiva y amorosa, Mahasatva.

En una ocasión el rey, la reina y su familia, acompañados de sus ministros, esposas e hijos se fueron de paseo al bosque. Los tres príncipes, se adentraron en él y de pronto, se encontraron con una escuálida tigresa que había dado a luz a cinco cachorros. Mahasatva dijo a sus dos hermanos mayores: "esta tigresa está tan hambrienta que se comerá a sus retoños ¿cómo podríamos impedirlo? ¿De qué se alimenta una tigresa?"

Los hermanos le respondieron que nadie podía evitar el fatal destino de los cachorros porque la tigresa se alimentaba de carne y estaba demasiado agotada para ir a cazarla.

Mahasatva pensó: "Durante mucho tiempo he vagado por el océano del samsara, desperdiciando mis vidas. Por culpa del apego, el odio y la ignorancia no he acumulado mérito. Ahora, para beneficio de mi práctica de Dharma entregaré mi cuerpo a la tigresa".

Ya de vuelta hacia donde se encontraba el resto del grupo Mahasatva les dijo a sus hermanos: "Id vosotros delante yo os alcanzaré más tarde, tengo algo que hacer". Mahasatva regresó a la guarida de la tigresa, se despojó de sus adornos y vestiduras colgándolos en las ramas y se echó delante de ella. Sin embargo, la pobre bestia estaba tan débil que no era capaz ni de morderlo. Mahasatva cogió un palo afilado y se hizo una incisión para que su sangre pudiera ser lamida por la tigresa y recuperara fuerzas para devorarlo.

Al cabo de un rato, los dos hermanos mayores, extrañados por su tardanza, empezaron a preocuparse. Regresaron a la guarida del animal y reconocieron en los huesos que estaba royendo al que fuera su hermano menor. Aquella visión fue tan espantosa que ambos perdieron el conocimiento. Todavía hoy se recuerda el lugar donde ocurrió el terrible suceso, es Namo Budha, en Nepal.

Mientras esto ocurría, la reina soñaba que tres palomas volaban y un halcón capturaba a la más pequeña. Asustada, despertó y corrió a explicarle su sueño al rey. Este también se alarmó pues era un mal signo ya que en viejos proverbios el alma de un joven era representada por una paloma; que fuera la más pequeña significaba sin duda que algo malo le podía haber sucedido a Mahasatva.

Cuando estaban listos para salir todos en su busca llegaron los dos hijos mayores y relataron lo ocurrido. Al oírlo, la reina cayó desplomada pero, una vez restablecida, ella y todo el séquito se dirigieron al lugar de la tragedia.

Mahasatva que en esos momentos ya había renacido en Tushita y por ello gozaba del ojo divino, percibió la pena que afligía a sus padres, hermanos y súbditos. Al entregar generosamente su cuerpo a la tigresa, había causado un gran dolor a todos los que le querían. Para aliviarles pensó presentarse ante ellos con su cuerpo celestial y así evitar que enfermasen de pena. Así lo hizo y cuando los reyes vieron aquel precioso cuerpo celestial le preguntaron: "¿Quién eres?" a lo que el dios replicó: "Soy Mahasatva". Seguidamente les explicó que había entregado voluntariamente su cuerpo a la tigresa y debido a ello había renacido en Tushita. Les añadió: "En samsara se tiene que morir y quien comete negatividades renace en los infiernos; quien comete buenas actividades renace en reinos superiores. ¿Por qué os preocupáis por mí cuando quien nace tiene que morir? Es mejor que os esforcéis en acumular actos positivos".

El padre respondió, "Aunque tu acto ha sido muy elevado al estar motivado por la gran compasión, nosotros sufrimos, igual que si nos hubieran arrancado un trozo de carne. ¿Por qué nos has abandonado?"

Mahasatva le respondió, "No habéis sido mis padres solo una vez, sino muchas y lo seguiréis siendo muchas más en el futuro". Cuando sus padres oyeron esas palabras se liberaron de su dolor e infelicidad. Los reyes reunieron los huesos, el cabello y las uñas de Mahasatva, los depositaron en una preciosa cajita hecha de siete piedras preciosas y construyeron una stupa.

Sakyamuni Buda terminó su relato diciéndole a Ananda: "Ananda, el rey Mahayana es mi padre de esta vida, Sudodhana y su esposa, es mi madre presente, Mayadevi. El que fuera mi hermano mayor, Mahamaya, es ahora Maitreya y el segundo, Mahadeva, es Manyushri. Yo era Mahasatva y ahora soy Sakyamuni. La tigresa es Kikhudhamo, mi sobrina y sus cinco cachorros, mis cinco primeros discípulos en Sarnath".

Anécdotas de Bodhisatvas y Arhats

En el este de la India, en Varendra, vivía un erudito de nombre Chandragomin que solía tener visiones del Buda Chenrezig. Durante mucho tiempo estuvo manteniendo un debate con un filósofo nihilista que negaba la existencia de las vidas pasadas y futuras. A pesar de que Chandragomin ganó con sus razonamientos, aquel seguía negándose a aceptar la existencia de otras vidas, arguyendo que para establecer la certeza de la reencarnación debería poder ser vista con los ojos.

Decidido a erradicar aquella visión errónea Chandragomin invitó como testigos, a la corte, los ministros y súbditos y les dijo: "voy a morir pero renaceré como el hijo del erudito Vesheshika; cuando muera poned en mi frente una marca de sindhura roja y sellad mi boca con una píldora bendita. Cuando sea el momento id a buscarme en casa del erudito Vesheshika y observad si su hijo recién nacido tiene estas marcas. Si las encontráis significa que hay vidas pasadas y futuras en caso contrario, el nihilista gana el debate". Su cadáver se depositó en una urna de cobre que fue sellada por el rey.

Tal y como había prometido, renació como el hijo del erudito Vesheshika y su nacimiento fue precedido por señales auspiciosas. Su frente tenía un signo bermellón y en su boca se encontró la perla o píldora sagrada. Tras ser comprobado por los testigos, examinaron el cadáver y vieron que la marca en su frente había desaparecido y había un hueco donde se le había colocado la píldora. Se dice que a partir de entonces ese filósofo creyó en las existencias pasadas y futuras.

En una ocasión un Arhat le preguntó a Shariputra la razón por la que era tan sabio y además uno de los discípulos principales del Buda. Shariputra respondió que en una de sus vidas previas había entrado en un templo para descansar y se quedó mirando una imagen en la pared del Buda Kashyapa. Al contemplarlo se sintió extremadamente feliz y generó un intenso deseo de poder ver directamente a un Buda. Este pensamiento fue tan intenso y puro que creó la causa kármica apropiada para encontrarse con Sakyamuni Buda en sus vidas futuras.

Anécdotas de grandes yoguis indios y tibetanos

Thagpu Dordge Chang era un gran yogui experto en la práctica de Tara y el primero de los Maestros del linaje del *Tantra de Chitamani Tara*. Solía tener visiones directas de ella y en su biografía relató cómo en una de sus vidas previa había tomado renacimiento bajo la forma de un pájaro que pertenecía a la especie conocida como garganta azul y cómo había transmitido el Dharma a muchos otros pájaros.

Atisha escribió el *Texto Padre* y el *Texto Hijo*, en el primero se relatan algunas de las reencarnaciones previas de Dromtompa y en el segundo las de otros grandes eruditos y traductores como Ngo Lekpe Sherab y Kutun Tsundu Yongdu.

En la tradición tibetana se identifica a las reencarnaciones de elevados Maestros haciéndoles identificar los objetos rituales y otras pertenencias de quienes se supone reencarnados. Un tiempo después de morir el décimo tercer Dalai Lama, salió de Lhasa un grupo de búsqueda para encontrar su encarnación, el actual Dalai Lama. Una vez en casa de los padres de quién hoy es el Dalai Lama, le hicieron escoger entre dos rosarios negros idénticos, uno de los cuales había pertenecido a su predecesor y eligió el correcto. Repitieron con dos rosarios amarillos y eligió el apropiado. Le presentaron dos tambores, uno de ellos sencillo y de tamaño pequeño que el Dalai Lama solía usar para llamar a sus asistentes y el otro hermoso y adornado con cintas de oro; pero escogió el primero. Por último le mostraron dos bastones y eligió el que fue de su predecesor. Estas y otras diferentes pruebas fueron pasadas con éxito y finalmente el actual fue designado auténtica reencarnación del décimo tercer Dalai Lama.

Los Karmapa tienen la costumbre de dejar una carta antes de morir en la que explica dónde y cuando renacerán. Además, muchos Maestros ya desde su infancia, saben de memoria muchas y en ocasiones muy largas oraciones. ¿De dónde puede surgir ese conocimiento si no es de un aprendizaje previo en otras vidas?

Un caso que conozco personalmente es el de Rato Chowar Rimpoché. En su primera existencia como tal fue un abad muy estricto. Parece ser que al enterarse de que algunos monjes bebían alcohol e infringían otras normas les castigó severamente. Los monjes rebeldes decidieron vengarse y planearon asesinarle. Lo intentaron de diferentes maneras pero nunca conseguían su objetivo. Una noche entraron en su habitación y uno de ellos le asestó un golpe en la cabeza con un hacha, después tiraron su cadáver al río. Al cabo de un tiempo fue reconocida su reencarnación y el niño tenía una profunda hendidura en la cabeza. Esa señal también se pudo ver en la tercera y cuarta reencarnación. Este último escapó del Tíbet y fue abad del monasterio de Namgyel; yo mismo pude ver dicha marca.

Gente ordinaria que recordó sus vidas previas

Existió el caso de una niña en la India que recordaba la familia que había tenido en su vida previa. Continuamente se refería a ellos, dando los nombres de sus padres y hermanos así como del lugar donde estaba su casa. Tanto insistió que sus padres la llevaron allí. Las explicaciones de todo lo que le había acontecido eran tan claras y precisas que desde entonces reconoció tener dos padres y dos madres. Su Santidad el Dalai Lama ha dicho recientemente que en la actualidad se conocen más de ciento veinte casos de personas que habían recordado su vida previa.

En la epoca de Buda Kashyapa un hombre llamado Manava Kapila había proferido graves insultos contra unos miembros de la Sangha y les puso apodos despectivos a cada uno de ellos. Como resultado renació como un monstruo marino con dieciocho cabezas y treinta y seis ojos. Cada una de las cabezas tenía la forma del apodo con que había agraviado a los monjes. Mantuvo ese aspecto hasta la época de Sakyamuni Buda, es decir durante miles de años.

Ventajas de aceptar la existencia de las vidas pasadas y futuras
 Ventajas a nivel temporal de tener presente la existencia de las vidas pasadas y futuras.
 Ventajas a nivel último de tener presente la existencia de las vidas pasadas y futuras.

Ventajas a nivel temporal de tener presente la existencia de las vidas pasadas y futuras

"Nivel temporal" se refiere a renacer en un reino superior como dios o humano. Si aceptamos la existencia de las vidas pasadas y futuras, instintivamente preferiremos renacer en un reino superior que hacerlo en uno inferior.

Temer renacer en los reinos inferiores nos convierte en buenos practicantes de Dharma. Es así porque sólo cuando aceptamos la continuidad de la consciencia nos preguntaremos: ¿quién puede protegerme? Es entonces cuando veremos la necesidad de tomar refugio en las Tres Joyas. Tomar refugio correctamente quiere decir que uno conoce las prácticas a abandonar y cuáles adoptar. Es decir, uno sabe que lo correcto es desarrollar lo virtuoso y abandonar lo negativo.

Ventajas a nivel último de tener presente la existencia de las vidas pasadas y futuras

"Nivel último" es el estado de bondad definitiva: Liberación o Iluminación. Para liberarnos del samsara es vital aceptar la existencia de las vidas pasadas y futuras. Sin aceptar este hecho, no pondremos energía en crear las causas correctas para renacer en los reinos superiores. Es *únicamente* en estos reinos desde donde se puede acceder a la Liberación. Para aspirar a conseguirla nos hace falta saber que el samsara es dolor, sólo así despertamos la renuncia: el intenso anhelo de salir del samsara y experimentar el Nirvana. Sin renuncia no hay Liberación. Para liberarnos del océano del samsara debemos conocer su causa primaria: la ignorancia del aferramiento a la entidad inherente, y para superarla hemos de meditar en la vacuidad.

Trabajar por el logro de la Iluminación o Budeidad es difícil si no se acepta la existencia de las vidas pasadas y futuras. Sólo teniendo presente la continuidad de la consciencia o reencarnación asumiremos el hecho de que todos los seres han sido nuestra madre. Esta convicción produce el deseo de devolver su amabilidad y así surge la mente del amor afectuoso y la gran compasión. Estas mentes preceden a la preciosa bodhichita: estado en el que deseamos alcanzar la Iluminación para el benficio de todos los seres. Cuando, con estos ingredientes, practicamos las seis perfecciones estamos uniendo el método y la sabiduría y ello nos conduce directamente a la Budeidad. Kedrub Je señaló lo siguiente:

> Mientras no hayas discernido la existencia
> de las vidas pasadas y futuras por medio del
> razonamiento, las puertas que dirigen hacia los
> senderos de la existencia afortunada y la bondad
> definitiva permanecerán cerradas.

Aceptar la existencia de las vidas pasadas y futuras es el punto de partida del desarrollo interior; negarlas bloquea nuestro crecimiento.

Si queremos viajar de un lugar a otro, conocer la carretera y la velocidad a la que podemos circular por ella nos facilitará llegar al lugar elegido sin problemas. Si no conocemos la carretera ni la velocidad a la que podemos circular es posible que nos perdamos o que no calculemos bien el tiempo y tengamos obstáculos. En definitiva, la mejor manera de seguir el sendero a la Iluminación es estudiar contemplar y meditar profundamente en el *Lam Rim.*

Desventajas de no tener presente la existencia de las vidas pasadas y futuras

Desventajas temporales de no tener presente
la existencia de las vidas pasadas y futuras.
Desventajas a nivel último de no tener presente
la existencia de las vidas pasadas y futuras.

Desventajas temporales de no tener presente la existencia de las vidas pasadas y futuras

Si no aceptamos la continuidad de la consciencia ¿cómo vamos a poder preparar nuestras vidas futuras? No tendremos interés alguno en crear las causas positivas necesarias para conseguir renacer en reinos afortunados. Si no aceptamos la continuidad de la consciencia tampoco le daremos mayor importancia al hecho de que actuar bien o mal influye en nuestro futuro. Nos resultará arduo pensar en la necesidad de poner causas que maduren en renacimientos elevados; simplemente nos traerá sin cuidado y de este modo nos costará más trabajo dirigirnos con virtud.

Desventajas a nivel último de no tener presente la existencia de las vidas pasadas y futuras

Sin aceptar la continuidad de la consciencia ¿cómo despertaremos interés por liberarnos del samsara y obtener la Liberación o la Iluminación.

Eliminar las visiones erróneas que sostienen la inexistencia de las vidas pasadas y futuras.

Todas las tradiciones budistas aceptan la existencia de las vidas pasadas y futuras, pero durante la época del Buda en la India había muchas escuelas de lógica. Algunas de ellas no aceptaban la existencia de las vidas pasadas y futuras, es decir, la continuidad de la consciencia, sosteniendo que esta creencia era fruto de una lógica equivocada. Según afirmaban, la mente depende del cuerpo y puesto que éste no va más allá de los confines de esta vida, la mente tampoco.

Defendían su argumento en base a los siguientes ejemplos:

1 La mente es un efecto del cuerpo,
   como una lámpara y la luz que emite.
2 La mente es una cualidad del cuerpo,
   como la cerveza y su poder de embriagar.
3 La mente es parte de la naturaleza del cuerpo,
   como una pared y el mural pintado en ella.

Con estos tres ejemplos explican su teoría acerca de la relación entre el cuerpo y la mente. A primera vista pueden parecer razonables e incluso defendibles, pero carecen de fundamento.

En el primer ejemplo, la lámpara sería el cuerpo, y la luz que emite, sería la mente. Sin embargo, dicha relación es falsa. De ser verdadera significaría que el deterioro del cuerpo debería implicar también un deterioro de la mente y al revés, un cuerpo sano y fuerte habría de albergar una mente poderosa. Siguiendo esta lógica tendríamos que aceptar la absurda consecuencia de que si el cuerpo engorda, se amplia la capacidad mental y si el cuerpo se debilita o enferma, la mente decae. Todos conocemos, sin embargo, a personas enfermas con grandes dotes mentales y a personas fuertes que mentalmente son débiles.

El segundo ejemplo, la mente es una cualidad del cuerpo, como la cerveza y su poder de embriagar, da a entender que ambos van siempre unidos. Pero cuando se trata del cuerpo y la mente, en realidad, no están sujetos a esta misma relación. Si el cuerpo y la mente fueran indistinguibles tendríamos que aceptar que un cadáver conserva todavía la consciencia y de todos es sabido que no es así.

El tercer ejemplo nos dice que la mente forma parte de la naturaleza del cuerpo, como una pared y un mural, es decir, el cuerpo es la pared y la mente el mural. Pero, del mismo modo que podemos ver la pared y su mural con nuestros ojos, si la mente fuese parte de la naturaleza del cuerpo, tendríamos que poder percibirla también con la vista. La realidad es que podemos ver el cuerpo de los demás con los ojos pero no vemos su consciencia. Si la relación que presenta el ejemplo fuese cierta, veríamos la mente con la misma nitidez que observamos un mural en la pared.

Estos tres ejemplos son inconsistentes, en consecuencia, la dependencia de la mente en relación al cuerpo es inaceptable. Así pues, no tiene base razonable alguna la proposición de que cuando el cuerpo perece la mente también lo hace.

Este cuerpo cesará, no sabemos cuándo y la mente continuará. Obviamente este razonamiento te puede ayudar a renunciar a esta vida por el beneficio de las muchas vidas que te vendrán.

Después de cuestionar de manera razonable los tres ejemplos de relación entre cuerpo y la consciencia, concluimos que no son válidos.

Aunque nuestro cuerpo sufre cambios y degenera con el paso del tiempo, no es obligado que la consciencia los sufra también. El cuerpo se destruye con la muerte pero la mente continúa en el océano del samsara, incluso seguirá cuando el ser llegue al estado de perfección o Budeidad. El camino hacia el futuro es largo e ilimitado y, es más sabio renunciar a los apegos de esta vida en beneficio de una mayor calidad en las existencias futuras.

La lógica budista demuestra con sus pruebas que los razonamientos de quienes niegan la existencia de la continuidad de la consciencia son erróneos. Los argumentos esgrimidos por los nihilistas de antaño, (Tib: *djampempas*) son los más profundos. Si nuestras razones prueban que tales argumentos son falsos, refutamos indirectamente otras pruebas menores.

Las razones que avalan la existencia de las vidas pasadas y futuras son sólidas y consistentes, pero las que pretenden demostrar lo contrario, son fácilmente refutables.

Una vez establecida la existencia de las vidas pasadas y futuras nos será fácil actuar según la ley de causa y efecto. Para regirnos según este código hemos de conocerlo y con esta intención el *Collar de Buena Fortuna* presenta las divisiones siguientes:

La ley de causa y efecto y su dependencia
Beneficios de conocer la ley de causa y efecto.
Desventajas de no conocer la ley de causa y efecto.

Identificar la ley de causa y efecto.

Cómo practicar la ley de causa y efecto.

Eliminar las visiones erróneas acerca de la ley de causa y efecto.

Beneficios de conocer la ley de causa y efecto

Shantideva en una de las estrofas del *Bodhisatvacaryavatara* nos recuerda:

Desean escapar de la miseria pero corren hacia ella,
como si de su mejor amigo se tratase.
Desean la felicidad pero, ignorantes,
la destruyen como a un enemigo.

Aunque persigamos la felicidad, si desconocemos la ley de causa y efecto no cultivaremos sus causas. Y aunque huyamos del dolor, seguiremos sembrando sus causas en la consciencia. Quien está convencido de que la felicidad surge de las buenas acciones, de manera espontánea se implicará en ellas. Quien sabe que el dolor surge de un comportamiento dañino, de manera natural se apartará de las tendencias negativas.

En base a este conocimiento construiremos todos los senderos y niveles espirituales necesarios para llegar a la Liberación o la Iluminación. Lo que de verdad puede protegernos del dolor es el Dharma y éste empieza a echar raíces cuando entendemos la necesidad de cultivar los actos positivos y abandonar los negativos. Las vidas pasadas y futuras son un hecho, nadie puede impedirlas, ni tan siquiera el Buda. Igual que ahora, en el futuro seguiremos deseando experiencias placenteras y temeremos sufrir. Conseguirlo está en nuestras manos y el único método es seguir la ley de causa y efecto desde ahora mismo.

Que la felicidad y el bienestar sean fruto de los buenos actos; y el sufrimiento y malestar de los malos, es algo que no se puede percibir directamente por los seres ordinarios, *sólo* los razonamientos y la autoridad de las escrituras probadas por medio de los tres análisis (tib: *chepa sum*) dan pie a una mente deductiva que comprende estos objetos de conocimiento ocultos y muy ocultos.

Los tres análisis constituyen el medio para probar que una escritura budista es *pramana* o válida. Para ello, la escritura no debe contradecir la percepción directa, la deducción por el hecho o la deducción por la creencia en la palabra del Buda. Nagaryuna nos dice lo siguiente:

> La riqueza surge de la generosidad
> y la felicidad de la ética.

Si aceptamos la certeza de estas citas, estaremos motivados para ponerlas en práctica. En cualquier caso, lo creamos o no, los resultados dependen siempre de sus causas. El campesino trabaja durante la primavera porque sabe que en otoño recoge la cosecha. Y así ocurre con todas las cosas de la vida. Hay una ley universal que está por encima de nosotros y nos devuelve aquello que hemos sembrado: la ley del karma o causa y efecto.

Desventajas de no conocer la ley de causa y efecto

Si negamos la ley de causa y efecto ¿qué nos refrenará de actuar de manera negativa?, ¿qué nos impulsará a practicar lo positivo?

Identificar la ley de causa y efecto

Según la tradición kadampa:

> La enseñanza principal del Buda es la ley de causa
> y efecto. El *Sutra del Sabio y el Necio* nos ayuda
> a entenderla y a ponerla en práctica.

Quien así se conduce está cultivando la Joya del Dharma del ser de capacidad inicial. Esta joya es la principal protección contra los reinos inferiores o situaciones de malestar extremo. Atisha solía dar enseñanzas sobre el refugio y el karma, no daba muchas iniciaciones tántricas y acabaron llamándole el Lama de las Tres Joyas y el karma. Cuando Atisha se enteró de cómo lo apodaban se sintió sumamente satisfecho porque se trataba, precisamente, de la enseñanza principal del Buda.

Para identificar la ley de causa y efecto se explicará según cuatro divisiones:

Los resultados de las acciones son definitivos.

Los resultados de la acciones aumentan.

Sin crear una acción no se experimenta su resultado.

Las acciones creadas no pierden su potencial.

Los resultados de la acciones son definitivos

Buda Sakyamuni en el *Vinaya* decía:
Sea cual sea el acto que hayas cometido,
el fruto que experimentarás será similar a éste.

Si siembras una semilla de pimiento, cosecharás pimiento y si la siembras de trigo, trigo recogerás. Si nuestros actos son negativos, el resultado será doloroso. Si nuestros actos son positivos, el resultado será felicidad y fortuna. La felicidad, pues, es el resultado directo de un acto positivo nunca al contrario; y el dolor es el resultado directo de algún acto negativo. Por ello se afirma que el karma es definitivo.

A veces, simples anécdotas ayudan a entender por qué el karma es definitivo. Los *Cuentos de Jataka* y el *Sutra del Sabio y el Necio* están llenos de ellas, son historias cuyo objetivo es revelar la ley de causa y efecto.

En la época del Buda Kashyapa, el rey de la zona hizo levantar una gran estupa. Mientras duró la construcción, uno de los trabajadores no dejó de quejarse por tener que hacer un estupa que él consideraba demasiado grande. Pero al verla por fin terminada, tan bella había quedado que se arrepintió de haber trabajado con tanto desagrado y, a modo de desagravio, compró una campana de bellísimo sonido para colocarla encima de la estupa. Cuando renació lo hizo en tiempos de Buda Sakyamuni, en la persona que más tarde se convertiría en el monje Nyenpga Sangden. El resultado de sus quejas fue un cuerpo tan feo y desagradable que la gente no se atrevía ni a mirarle; pero el resultado de haber ofrecido la campana fue una voz increíblemente bonita que todos escuchaban fascinados.

Los resultados de las acciones aumentan

Un acto positivo, por pequeño que sea, puede llegar a producir un resultado de felicidad inmenso y un pequeño acto negativo puede causar un gran dolor. Para entender este punto observemos la semilla de un albaricoque; su planta se transforma en un árbol que cada temporada da nuevas flores y crecen frutos en sus ramas.

En la India existe un árbol llamado *netoda* cuya semilla es tan pequeña como la de la mostaza, pero cuando crece, puede cobijar bajo su sombra hasta quinientos carruajes. Igual que las cosas externas, el resultado de nuestros actos puede aumentar de un modo imprevisible.

¿Cómo podemos afirmar que los resultados de los actos aumentan si no son purificados? Tomando como base la naturaleza de los fenómenos externos. Cualquier semilla produce resultados sorprendentemente mayores.

Hace mucho tiempo, estaba un monje tiñendo sus hábitos en un gran ribeño, cuando pasó por allí un grupo de aldeanos en busca de un ladrón que les había robado un trozo de ternera. El humo les llamó la atención y se acercaron al monje. Confundieron las ropas tiñéndose de rojo con trozos de ternera, le acusaron y tuvo que pasar seis meses encarcelado. La causa kármica de ello fue que en una de sus vidas previas había acusado injustamente a un Realizador Solitario que estuvo seis días en prisión por su culpa.

Cualquier acción, positiva o negativa, no permanece estable, cuando produce su fruto éste ya se ha multiplicado. Quien ha creado graves actos negativos pero ha sabido purificarlos y convertirlos en pequeños, es un sabio. Quien ha creado actos negativos pequeños pero, por no saber purificarlos se han convertido en graves, es un necio.

En el *Sutra del Semillero de Arroz* Buda explicó que la ignorancia, el primero de los doce vínculos, es la causa de los once restantes. Esto nos enseña que una sola causa produce múltiples resultados en la existencia cíclica y que si eliminamos la semilla de la ignorancia cerraremos las restantes puertas que producen dolor. El sutra reza así:

Bhikshus. Quien ve la relación dependiente ve los

fenómenos. Quien ve los fenómenos ve al Buda.
Debido a la existencia de esto, aquello surge.
Debido a la producción de esto, se produce aquello.
Es así:
Debido a la ignorancia hay acción composicional
Debido a la acción composicional hay consciencia
Debido a la consciencia hay nombre y forma
Debido al nombre y forma hay seis fuentes
Debido a las seis fuentes hay contacto
Debido al contacto hay sensación
Debido a la sensación hay ansia
Debido al ansia hay aferramiento
Debido al aferramiento hay existencia
Debido a la existencia hay nacimiento
Debido al nacimiento hay envejecimiento y muerte
Debido al envejecimiento y la muerte hay pena;
Asimismo, aparecerán el dolor, el sufrimiento, la
infelicidad y el conflicto.
Así se produce el gran sufrimiento de los agregados.

No hemos de pensar que los pequeños actos negativos no sean importantes porque gota a gota, se llega a llenar un cántaro de agua. Una semilla diminuta produce un gran fruto; las semillas kármicas de nuestros actos aumentan mucho más que las cosas externas.

El Sutra del Sabio y el Necio cuenta la historia de Upala, la monja bella. La historia empieza así:

Así lo escuché en una ocasión: el Buda residía en la ciudad de Sarasvati, en el monasterio Jetavana junto al parque de Anathapindika. Tras la muerte del rey Prasenajit, su hijo Vaidurya ascendió al trono y debido a que muchos reyes menores no reinaban de acuerdo con el Dharma, incontables seres fueron asesinados. Conmovidas por la barbarie muchas mujeres de las castas superiores, abandonaron la vida mundana y decidieron ordenarse monjas. Quinientas abandonaron sus bienes y se unieron a la Sangha. La gente del lugar, regocijados, las ayudaban a cubrir sus necesidades. Sin embargo las monjas pensaban: "Aunque hemos tomado los votos, todavía no hemos saboreado el aroma del Dharma y, estamos lejos de abandonar el apego, la ira y la ignorancia, no podemos seguir así. Acerqué-monos a la monja Prajapati para escuchar el Dharma de su boca".

Ante ella se postraron y dijeron: "Cuando tomamos los votos no tuvimos ocasión de probar el sabor del Dharma, te suplicamos que accedas a enseñarnos". Prajapati les dijo: "Todas vosotras pertenecéis a castas superiores y poseéis los siete tesoros: elefantes, caballos, ministros, asistente y criados, tierras y propiedades ¿Por qué a pesar de haberlos dejado, no podéis abandonar los engaños y entrar en la Enseñanza? Volved a vuestros hogares y disfrutad de vuestros mari-dos e hijos y sed felices".

Al oír esa respuesta, las monjas se apenaron, pero en lugar de conformarse, acudieron a Upala, la monja bella. Se postraron ante ella, se interesaron por su salud y después le dijeron: "Hermana, aun-que hemos renunciado al mundo y somos monjas, seguimos atrapa-das por el apego a los placeres de los sentidos, y somos incapaces de superar los engaños. Te suplicamos que nos instruyas en el supremo Dharma".

Upala les dijo: "Pedidme lo que deseéis relativo al pasado, pre-sente o futuro y os lo relataré". Las monjas respondieron: "Hermana, no nos preocupa el pasado o el futuro sólo te pedimos que ahora, en el presente nos enseñes el Dharma y borres nuestras dudas".

Upala respondió: "El apego es como el fuego, incluso los ríos y las montañas son consumidos por él y acaba quemándolo absoluta-mente todo. Por culpa del apego, perjudicamos a los demás y cae-mos en los tres reinos inferiores donde no hay medios para liberarse. Cuando una mujer se desposa está verdaderamente sujeta al dolor, si se separa de su marido siente pena. El nacimiento, la enfermedad, la vejez y la muerte son inevitables y si después de la muerte renace en el infierno, esto es también un dolor insoportable. Para una mujer casada hay poca felicidad y mucho dolor".

La monja continuó: "Mis padres me entregaron en matrimonio a un mendigo sabio e inteligente a quien di un hijo. Con el tiempo, volví a quedar encinta y cuando se acercó el momento para dar a luz, le dije a mi marido que deseaba volver a casa de mis padres y tener a mi hijo allí. El asintió y partimos los tres de viaje. Una vez en la provincia central, pero aún lejos de mi casa llegaron los dolores y me dispuse a alumbrar a mi hijo debajo de un árbol. Mientas, mi marido yacía dormido a cierta distancia, durante la noche le mordió una serpiente venenosa y al amanecer, cuando fui a enseñarle al recién nacido, le encontré muerto. Me desmayé. Los gritos de mi hijo mayor que al despertar vio el cadáver de su padre me hicieron recuperar la consciencia. Me levanté, cargué al hijo mayor sobre mi espalda, apreté al bebé contra mis pechos y llorando por haber perdido a mi esposo, seguí el camino. Cruzamos una tierra muy desierta hasta llegar a un ancho río. Incapaz de transportar a mis hijos al mismo tiempo, dejé al mayor en la orilla y me llevé al pequeño a la otra. Cuando volví por el mayor saltó al río antes de tiempo y fue arrastrado por la fuerte corriente. Desesperada, regresé a la otra orilla y me encontré con que un lobo se había comido mi bebé. Loca de dolor seguí adelante esperando encontrar consuelo en la casa de mis padres. Cuando ya estaba cerca me encontré a un familiar, le pregunté por mis padres y me informó de que su casa se había quemado y ambos perecieron en el incendio. Al oír estas noticias perdí el sentido. Me llevó hasta su casa donde me cuidó tiernamente como si fuese su propia hija. Viví feliz un tiempo hasta que otro mendigo me pidió en matrimonio. Me casé y volví a quedar encinta. Cuando llegó el momento de dar a luz, mi marido estaba fuera de casa, en una celebración y por ello cerré la puerta con llave; en pleno parto, mi marido regresó completamente borracho, llamó a la puerta y al no poder yo abrirla, la derribó, entró y empezó a golpearme violentamente. Gritando le dije como pude que su hijo acababa de nacer. Se enfureció aun más y lo mató, lo frió con aceite y me obligó a comerlo. Días después, cuando pude andar, le abandoné.

Me fui a Benares y mientras estaba sentada bajo un árbol en las afueras, vi a un grupo que transportaba el cadáver de una mujer. Su esposo lloraba desconsoladamente. Viéndome sola se acercó a mí y me preguntó qué hacía allí. Después de relatarle mis vivencias me pidió que fuera su mujer. Acepté y fui tratada con cariño pero al cabo de poco tiempo de estar juntos, falleció. Según la costumbre de aquel país, cuando el esposo era enterrado, su esposa, aunque viva, tenía que ser enterrada a su lado. Así se hizo, pero la fortuna quiso que un ladrón me desenterrase para robar las joyas de mi difunto. Me hizo su mujer pero al cabo de unos meses, fue prendido y ejecutado; me enterraron de nuevo, pero pude escapar porque un lobo hambriento escarbó en el suelo".

Al ver el desastre que era mi vida un día pensé: "¿Qué tipo de negatividades habré creado para tener una existencia tan atormentada? He oído que un hijo de los Sakyas ha alcanzado la Iluminación, le llaman el Buda y conoce el pasado, el presente y el futuro. Debo conocerle".

Me dirigí al parque de Anathapindika y desde la distancia vi al noble Buda sentado bajo un árbol. El sabía que estaba deseosa de convertirme y me dijo: "Ven, acércate". Así lo hice. El noble se dirigió a Ananda, su discípulo, diciéndole: "dale a esta mujer tus hábitos". Me los puse, me postré a los pies de Buda y con mis manos juntas le supliqué: "Oh noble, ten compasión y concédeme la ordenación de monja". El Buda me envió a tomar los votos de la monja Prajapati. Una vez ordenada, Prajapati me enseñó las cuatro nobles verdades, medité en ellas con esmero y pronto llegue al estado de Arhat. Ahora conozco el pasado, el presente y el futuro.

Las monjas sobrecogidas, le preguntaron: "Hermana que actos habías hecho para tener que vivir tan horribles experiencias?" Upala respondió: "Escuchad bien y tenedlo en mente". En vidas pasadas había un hombre muy rico que no pudiendo tener hijos con su primera se casó de nuevo. Su segunda esposa concibió pronto un hijo. Mortificada por los celos la primera esposa pensó: "Aunque mi familia es de casta elevada, no tengo hijos para continuarla. Cuando este niño crezca heredará todas las propiedades de mi marido y yo me quedaré sin nada".

Muchos pensamientos malignos invadieron su corazón y así decidió matar al bebé. Cogió una aguja fina, larga y afilada, y con ella atravesó la zona suave en la coronilla del bebé, matándolo en el acto. Al no haber marca alguna, nadie supo lo que había pasado, a excepción de la segunda esposa que la acusó de haberlo asesinado.

Aquella, solemnemente juró: "Si he matado a tu bebé, que mis maridos en mis vidas futuras sean mordidos por una serpiente venenosa; si tengo un hijo que sea devorado por un lobo. Que me entierren y me tenga que comer la carne de mi propio hijo. Que mis padres sean consumidos por el fuego en su propia casa". Hermanas -dijo Upala- yo era la primera esposa, la que hizo todos estos juramentos que en esta vida he tenido que experimentar.

Las monjas preguntaron: "Hermana, y qué actos virtuosos hiciste para que el Buda aceptara ordenarte y hayas podido ir más allá del samsara".

Upala respondió: "Hace mucho tiempo, en Benares había una montaña llamada el Lugar de Encuentro de los Rishis, en donde vivían muchos Realizadores y Oyentes, así como muchos seres dotados de poder espiritual. En una ocasión un Realizador fue a la ciudad a pedir limosna, una mujer lo vio y, regocijada, por su presencia le ofreció comida. En agradecimiento, el Realizador se elevó en el espacio y de su cuerpo emanó luz, se mantuvo sentado en el espacio y exhibió poderes milagrosos. La mujer se sintió tan feliz que tomó la siguiente determinación: "Ojala en tiempos futuros pueda ser como tú". Fui yo quien bajo otro aspecto formulé este voto y por su poder ahora he encontrado al Buda y me he liberado.

Las monjas comprendieron que el apego a los objetos de los sentidos es como la lava de un volcán, y sus pensamientos negativos cesaron. Comprendieron que los sufrimientos de la vida marital son como los de una prisión y cortaron con su apego. De este modo, sus impurezas cesaron y se convirtieron en Arhats. Todas ellas le dijeron a Upala: "Nos has enseñado el Dharma a nosotras, totalmente esclavizadas por el apego y hemos llegado al fin del ciclo de nacimiento y muerte. Te alabamos agradecidas. Enseñar el Dharma a los demás y realizar su fruto, nos convierte en Hijos del Buda".

Sin crear una acción no se experimenta su resultado

Sin crear un karma virtuoso o negativo específico, no se experimenta su resultado. Los guerreros tibetanos suelen llevar en una cajita colgada del cuello, un amuleto del Dalai Lama muy especial, cuyo poder se cree que les protege de las balas de fusil. Pero si a la persona que lo lleva le ha llegado el momento de morir, el amuleto no será suficiente protección. En Tíbet hay muchas historias de personas que han sido disparadas y gracias al amuleto, han salido ilesas, pero también algunos han muerto, a pesar de llevar el amuleto. Si te disparan y no mueres es debido a que no has creado el karma para morir en esta ocasión. El amuleto puede protegerte o ayudarte a eliminar ciertos obstáculos, pero cuando el karma para morir ha madurado, ni un Buda puede hacer nada para cambiarlo.

Hace muchos años, vivió una reina que era discípula de Buda Sakyamuni, sin embargo su esposo era seguidor de un guru que despreciaba al Iluminado. Cuando la reina quedó embarazada, el guru de su esposo profetizó que nacería una niña. La reina, por su parte, pidió a Buda Sakyamuni una predicción. Buda le dijo que sería un niño y que le pondrían de nombre "El que Nace del Fuego". Al saberlo, el maligno guru, movido por la ira, le mandó al rey quemar a su esposa por tratar de engañarle. Después de muchas dudas, el rey hizo lo que su tutor le había ordenado.

El noble Buda, gracias a su clarividencia, vio lo que estaba ocurriendo. Reunió entonces a todos los Arhats y les dijo: "Tenemos que ir a ese reino para atestiguar un gran acontecimiento". Al llegar al lugar, el Buda salvó de las llamas al hijo que la reina llevaba en su seno. El niño fue entregado a otro rey y, tiempo después, llegó a convertirse en un Arhat.

Ante tan extraordinarios hechos, un discípulo de Buda le preguntó cuál era la razón por la que ese niño no pereció bajo el fuego. A lo que el Buda respondió: "Este niño no había cometido ninguna acción concreta en sus vidas pasadas, que le llevara a morir quemado. En cambio su madre, la reina, en una de sus vidas anteriores, se encontró con un Realizador Solitario que le pidió un poco de leña para hacer fuego y le dio muy poca. Tan poca, que el yogui le pidió más, ante lo cual, ella muy indignada le dijo: ¿Es que piensas hacer una pira para quemar tu cadáver?" Por esta acción, tuvo que experimentar en su vida siguiente el resultado relatado.

Uno de los dieciséis Aryas era Kananavasta. Se dice que cuando nació, aparecieron en su jardín siete elefantes dorados, cuyos excrementos eran de oro. Obviamente, la familia enriqueció. Cuando este extraordinario suceso llegó a oídos del rey Ajatasatru, deseó poseer tan preciados animales y, en siete ocasiones trató de confiscarles, pero ellos siempre lograban regresar a la casa de su dueño legítimo. El rey no los pudo poseer nunca porque no tenía relación kármica con ellos, ni había acumulado el karma positivo necesario para verse favorecido. Pero Kananavasta sí lo tenía: durante la época del Buda Kanakamuni restauró una estatua de este ser iluminado representado encima de un elefante que pintó con oro.

La reina Satya Mabhati y quinientas súbditas suyas habían obtenido la realización espiritual denominada "El que no Vuelve". Se declaró un incendio en el lugar donde se encontraban y a pesar de ser Aryas con poderes milagrosos, ninguna de ellas pudo escapar de ese fatal destino. Tan solo se salvó una asistente porque no había creado el karma negativo de morir abrasada en ese momento. Las demás, en vidas previas, habían quemado la casa de un Brahman.

En accidentes de tráfico y desastres naturales podemos constatar sorprendentes casos de salvaciones inconcebibles. La razón es que sin crear una causa específica no se experimenta su resultado.

Las acciones creadas no pierden su potencial

Cualquier acción realizada, positiva o negativa, guarda intacta su potencial aunque pasen años y su resultado acontece tarde o temprano. Un hombre llamado Kimdra Palke, vivió hasta los ciento ochenta años y su mujer, sus hijos e incluso sus nietos murieron antes que él. Los familiares con los que vivía estaban ya cansados de cuidarle, pues era un anciano bastante insoportable. Puesto que no se sentía feliz en aquel ambiente, pensó que ordenándose monje su situación mejoraría. Sin embargo, a cuantos solicitó la ordenación lo rechazaron argumentando que ya era demasiado viejo y no podría llevar a cabo las prácticas de un monje: escuchar, contemplar y meditar. Después de mucho buscar, conoció a Shariputra, uno de los discípulos principales de Buda, quien movido por su compasión, accedió a ordenarlo. Sin embargo, le dijo: "Para recibir la ordenación has de tener alguna semilla de virtud, que sirva como causa para llegar al estado de Liberación". El anciano intentó recordar algún acto positivo que hubiera realizado a lo largo de su vida, pero se dio cuenta de que no había ninguno. Shariputra percibió, por medio de su clarividencia que tampoco había semillas de virtud en sus vidas anteriores y, finalmente, incluso él le denegó la ordenación. El anciano, desesperado y triste, ya no sabía a donde ir, pero se encontró con Sakyamuni Buda a quien contó su desgracia. Sakyamuni le dijo: "Es cierto que en tus vidas previas no acumulaste ninguna virtud, pero, mucho antes fuiste un insecto de verano y un chaparrón te arrastró haciéndote circunvalar un templo budista". Gracias a esta semilla kármica, Sakyamuni le ordenó monje. La diferencia entre la clarividencia de Shariputra y la de Sakyamuni es que la del primero deriva de haber eliminado los engaños en la mente: la primera capa de obstrucciones. Mientras que la clarividencia de Sakyamuni es la que surge de haber eliminado las dos capas de obstrucciones: los engaños y las impresiones de éstos.

Las semillas de los actos creados no se vuelven caducas aunque pasen millones de año. Las semillas de los actos positivos producirán felicidad, más pronto o más tarde, a no ser que las quemen las visiones erróneas o el odio. Las semillas de los actos negativos acabaran causando dolor a no ser que los cuatro poderes oponentes las purifiquen.

Los cuatro poderes oponentes capaces de limpiar y eliminar las semillas kármicas negativas son:

El poder del objeto.
El poder del arrepentimiento.
El poder de la determinación.
El poder de la fuerza oponente.

Puesto que cualquier acto negativo va siempre dirigido contra las Tres Joyas o contra los seres conscientes, tomamos refugio y generamos la bodhichita. Por supuesto, generar la bodhichita genuina es difícil y lleva tiempo, pero por el momento basta con pensar: "Voy a trabajar para llegar a la Iluminación en beneficio de todos los seres".

De los cuatro poderes oponentes, el más importante es el poder del arrepentimiento. Si de verdad te arrepientes de tus acciones negativas creadas, de forma natural surgirán los tres poderes oponentes restantes.

Para aplicar el poder oponente de la promesa o determinación piensa: "Hasta este momento he cometido infinidad de acciones negativas, pero me comprometo de ahora en adelante a no repetirlas". Después de cada acción negativa hemos de generar temor pensando en los resultados que acarrea y determinarnos a no reincidir en ella. Imagina que estás en un restaurante con dos amigos. Los tres habéis comido lo mismo. Uno de ellos muere en el acto, el otro empieza a tener vómitos ¿Cómo te sentirás en estos momentos? Con seguridad sentirás una gran desazón por haber ingerido comida en mal estado. Pensarás "si me salvo ahora, nunca más volveré a tomar esta comida". Tu poder de determinación frente a las acciones destructivas ha de ser tan fuerte como lo sería frente a una situación similar a la descrita.

Lo que harías a continuación sería tomar un vomitivo para expulsar el veneno. El vomitivo o la fuerza oponente para purificar las acciones destructivas es recitar el mantra de Vajrasatva, hacer postraciones, meditar en la vacuidad, recitar sutras o tantras y, en definitiva, cualquier acción virtuosa.

Ni una sola negatividad, por fuerte que sea, quedará sin purificar si se aplican correctamente estos cuatro poderes. Si no los aplicamos, tan pronto se reúnan todas las condiciones, las semillas negativas producirán su fruto.

Que el karma sea definitivo, significa que la felicidad y el dolor sólo pueden surgir de los actos positivos y negativos respectivamente.

Que el karma aumenta, significa que toda acción cometida y no purificada produce un efecto mayor, igual que una semilla diminuta produce un árbol grande cuando todas las condiciones están presentes.

Que un karma no acumulado no produce efecto, significa que sin sembrar una semilla no cabe esperar su fruto.

Que el karma acumulado no desaparece, significa que no caduca ni se agota, en consecuencia, todo acto negativo creado producirá un efecto a no ser que antes sea purificado por los cuatro poderes oponentes.

Por su naturaleza, el karma puede ser positivo, negativo e inamovible. El karma positivo causa renacer en los reinos superiores. El karma negativo causa renacer en reinos inferiores. El karma inamovible actúa como causa para renacer en el reino de la forma y en el reino sin forma.

¿Cómo se crea karma samsárico? Si nos basamos en la explicación de los doce vínculos de relación dependiente como vienen expuestos en *Joyas del Budismo*, podemos aseverar que a causa de la ignorancia creamos actos, éstos dejan una semilla en la consciencia que cuando se halla con las condiciones apropiadas da su fruto. El resultado del karma puede ser de tres tipos:

Karma cuyo fruto se experimenta en esta vida.
Karma cuyo fruto se experimenta en la vida siguiente.
Karma cuyo fruto se experimenta muchas vidas después.

El karma cuyo fruto se experimenta en esta vida es el que ocurre cuando alguien comete un acto negativo extremo y su fruto se experimenta en la misma vida. En una ocasión un hombre insultó a un Arhat diciéndole: "eres una serpiente" y en aquella misma vida se transformó en una serpiente.

El karma cuyo fruto se experimenta en la vida siguiente se refiere a cualquiera cuyo fruto se experimenta en la siguiente.

El karma cuyo fruto se experimentará muchas vidas después se refiere a cualquier acto cuyo fruto se experimenta después de tres, cinco o mil vidas. Existen dos clasificaciones adicionales del karma en:

Karma que impulsa.
Karma que completa.

Y estos dos pueden combinarse de cuatro maneras diferentes:

Karma que impulsa y que completa positivos.
Karma que impulsa y que completa negativos.
Karma que impulsa negativo y que completa positivo.
Karma que impulsa positivo y que completa negativo.

Un ejemplo del primero sería renacer como un emperador universal o renacer como ser humano y tener una vida feliz. Un ejemplo del segundo sería renacer en un infierno, el sufrimiento es continuo e insoportable. Un ejemplo del tercero son, por ejemplo, los caballos o perros de un rey, aunque debido a un karma que impulsa negativo renacen como animales, viven mejor que muchos humanos. Un ejemplo del cuarto es renacer como humano en algunos lugares de la tierra, donde hay sequías, plagas y hambre.

La causa para obtener un cuerpo humano es seguir una conducta ética fundamentada en la observancia de los diez actos positivos. Para que este cuerpo humano goce de los atributos necesarios para ser considerado un perfecto renacimiento humano, necesitamos practicar las seis perfecciones y hacer oraciones de aspiración. Por otro lado, hay otras cualidades que también podemos adquirir: para ser hermosos en apariencia, debemos ser pacientes y para ser ricos, debemos ser generosos.

Podemos mencionar también el karma definitivo y el indefinido. El primer caso sería crear un acto negativo y no aplicar su antídoto: ese karma será experimentado tarde o temprano. El karma indefinido es un karma cuyo fruto no es seguro que se experimente. Si, por ejemplo, durante la juventud se han hecho cosas reprobables pero, posteriormente, se purifican no se experimentarán sus resultados.

Según su resultado, el karma también puede ser múltiple. Ejemplos de ello serían:

El efecto que madura.
El efecto similar a la causa.
El efecto ambiental.

El *efecto que madura* del acto de matar es renacer en un infierno. El *efecto similar a la causa* puede dividirse en dos: tendencia y experiencia. Debido a la tendencia similar a la causa uno tendría el fuerte deseo de volver a matar; este último es el peor de los resultados. La experiencia similar a la causa sería morir por causa de otro o tener un espacio de vida corto y lleno de enfermedad. *El efecto ambiental* seria renacer en un lugar inhóspito.

De la misma manera que el acto de matar conlleva estos resultados, lo mismo sucede en el caso de robar, observar una mala conducta sexual, mentir y el resto de actividades negativas.

Cómo practicar la ley de causa y efecto

Puesto que todo acto, según sea positivo o negativo, puede producir felicidad o dolor se han de evitar las causas que producen dolor y cultivar las causas de la felicidad. Puesto que estas experiencias las recibe uno mismo, son responsabilidad propia. El Buda dijo que el karma no se experimenta en la tierra, ni el agua, ni el aire, ni el fuego, sino en la consciencia de quién lo ha creado.

Entender que el karma es definitivo nos determinará a actuar correctamente y separarnos de lo negativo para no sufrir.

Saber que el karma aumenta nos impulsará a acumular actos positivos por pequeños que sean. En cuanto a los negativos, dejaremos de cometerlos y purificaremos los ya cometidos.

Conscientes de que el karma no acumulado no se puede experimentar, el solo recuerdo de momentos felices nos motivará a practicar la virtud, que es su causa. Tan pronto como surja la aversión hacia un sufrimiento particular, uno se esforzará en abandonar lo negativo que es su causa.

Entender que el karma no desaparece nos determinará a abandonar actos negativos y a adoptar los positivos así como a purificar todo lo negativo. Recordemos que regocijarnos por lo negativo aumenta su resultado.

En general, tengamos o no una naturaleza religiosa, hemos de intentar abandonar perjudicar a otros seres con nuestros actos y en caso de hacerlo arrepentirnos por ello.

Todo acto creado, negativo o positivo, permanece hasta que, en el caso de lo negativo, haya sido purificado por los cuatro poderes oponentes y en caso de lo positivo, haya sido quemado por el fuego del odio.

Toda la enseñanza del Buda, así como los grandes comentarios de los eruditos budistas indios, se refieren explícita o implícitamente a la ley del karma. Tomando como ejemplo las enseñanzas de sutra y tantra: las primeras son causa y las segundas el resultado.

La bodhichita tiene también sus propias causas: las seis causas y un efecto y la técnica de cambiarse con los demás.

Las cuatro nobles verdades son causa y efecto; el sufrimiento y sus causas son las dos primeras nobles verdades: el sufrimiento es el resultado, producto de las causas. En lo que respecta a las dos restantes nobles verdades, cesación y sendero, la primero es resultado y la segundo es causa.

Por culpa de las causas -engaños y karma- nacemos en samsara donde padecemos sufrimientos distintos. Si no deseamos experimentar dolor, debemos eliminar dichas causas. Para eliminar los engaños hemos de practicar un sendero hasta llegar a experimentar la cesación de las causas del dolor. Para liberarnos por completo del samsara hemos de practicar el sendero que conduce a la cesación.

El Buda reveló las dos causas que producen permanecer en samsara y las dos causas que nos liberan. Algunos pueden pensar que las cuatro nobles verdades son simples, pero contienen la esencia misma de las ochenta y cuatro mil enseñanzas del Buda y si se profundiza en ellas pueden resultar muy extensas ya que podríamos clasificar el sufrimiento en ocho, seis y tres tipos. En lo que respecta a las causas del sufrimiento podrían enumerarse los tres, seis o veinte engaños así como las diversas divisiones del karma. Podríamos hablar también de la cesación que experimentan los Oyentes, los Realizados Solitarios y los Bodhisatvas. Cada una de estas cesaciones requiere practicar el sendero adecuado. Hay cinco senderos pertinentes al practicante hinayana y cinco al mahayana y ambos aspiran a sus respectivos objetivos. El vehículo mahayana presenta, además, los diez niveles o bhumis y el sendero del tantra, consta de cuatro niveles, dividiéndose el último de ellos en dos: estado de generación y de consumación.

Experimentar bienestar o felicidad no es responsabilidad de la sociedad o del gobierno sino de cada individuo. Para ser felices en esta vida podemos acudir a los amigos o familiares, quienes podrán aliviarnos con afecto y compañía; si lo que deseamos es empezar un negocio necesitaremos el consejo de un experto.

Nadie quiere irse de este mundo, si pudiéramos quedarnos todos elegiríamos hacerlo, pero el karma nos lleva hacia las vidas futuras. Cuando uno se marcha de esta vida, nadie excepto su karma positivo, puede protegerle. Ni nuestra fama o reputación, ni los padres, amigos o riqueza pueden ayudarnos. Tener una vida futura feliz sólo depende de poner en práctica la esencia del Dharma: la ley de causa y efecto.

Eliminar las visiones erróneas acerca de la ley de causa y efecto
Eliminar la concepción errónea de que la ley de causa y efecto no existe.
Eliminar el malinterpretar la ley de causa y efecto.

Eliminar la concepción errónea de que la ley de causa y efecto no existe

Al no percibir directamente que un efecto proviene de una causa concreta, podríamos pensar que la ley del karma no existe. Pero esta posición es incorrecta, cualquiera puede atestiguar el crecimiento de un brote, aunque no se produzca inmediatamente después de plantar la semilla. Lo mismo sucede con los resultados de nuestros actos. Tal y como se dice en el *Sutra del Vinaya*:

> Las acciones no se desperdician
> Incluso con el paso de cientos de eones
> Cuando las causas y las circunstancias apropiadas
> se reúnan los frutos madurarán.

No aceptar la ley de causa y efecto es producto de una visión errónea; el peor de todos los engaños consiste en negar la existencia de las Tres Joyas, el karma, la reencarnación, el Nirvana u otros aspectos de la realidad. Puesto que tanto la visión errónea como la ira queman infinidad de semillas kármicas virtuosas, debemos corregir las primeras y adiestrarnos en la práctica de la paciencia, en el hogar y ante cualquier obstáculo provocado por amigos y enemigos. En el momento de la muerte dejamos el cuerpo pero la consciencia sigue y nada puede destruirla. No hay método para detener las vidas futuras y, para un ser ordinario es imposible no reencarnarse. Si en esta vida huimos del malestar y anhelamos felicidad también en el futuro tendremos el mismo interés. Por este motivo es tan importante acumular causas de bienestar y eliminar las que reviertan en sufrimiento.

Eliminar el malinterpretar la ley de causa y efecto

"Hay personas buenas y religiosas que viven acuciadas por todo tipo de problemas y obstáculos, mientras que personas malignas experimentan felicidad, larga vida y riqueza: la ley del karma no existe". Muchas personas ante circunstancias obvias de esta vida, piensan que la siguiente cita es falsa: "De lo positivo viene la felicidad y de lo negativo el dolor".

Si sólo se juzga lo evidente puede parecer que tienen razón; sin embargo hay que saber diferenciar entre causas, condiciones y resultados. La razón de que una buena persona o un buen practicante de Dharma tengan problemas en esta vida no son los actos positivos que ha llevado a cabo en esta vida. La causa sustancial de su malestar presente se encuentra en los actos negativos cometidos en sus vidas previas. Como todos los seres, en sus vidas anteriores ha reunido tantos actos negativos que podrían incluso hacerle renacer en un reino inferior. En este sentido, es mejor experimentar el resultado de esas acciones en esta misma vida. Otra causa secundaria es que en esta época degenerada que vivimos, el lado negativo es más poderoso y actúa como condición para que el practicante tenga dificultades en esta vida.

Según el *Sutra del Tallador del Diamante*, un texto de los *Sutras de la Perfección de la Sabiduría*, el practicante que profundice en el estudio, contemplación y meditación de dicho sutra, experimentará sufrimiento. El monje Subhuti le preguntó al Buda el por qué de esta extraña afirmación y Él respondió así:

Oh Subhuti, quienes se impliquen en esta práctica
estarán purificando el karma no virtuoso
de la corriente entera de sus vidas previas.
Estos karmas los habrían empujado a los tres reinos
inferiores, al purificarlo sufren aquí en esta vida.

La práctica pura de Dharma purifica los actos negativos cometidos en vidas pasadas transformándolos en sufrimiento en esta vida para que, de este modo, no se experimentarán en el futuro. Igualmente, cuando alguien despierta la bodhichita puede transformar la experiencia de un karma negativo que debiera ser renacer en un reino inferior, en un simple dolor de cabeza. Según Vasubhandu en su *Abhidharmakosha*:

El que obtiene el nivel de la paciencia, tercero de
los cuatro que conforman el sendero de
preparación, El que Nunca Vuelve y el que alcanza
el Nirvana, son seres que al llegar a tales grados de
realización experimentarán obstáculos en su vida.

Cuando un yogui alcanza el estado de la paciencia en el sendero de preparación ya no renace en el futuro en ninguno de los reinos inferiores; sin embargo, todo el bagaje kármico que haría renacer allí, lo puede recibir en su cuerpo de esta vida. Todo el potencial de sufrimiento pendiente para el futuro lo experimenta en el presente, en forma de dolores menores en el reino humano.

De la misma manera, el yogui que alcanza el estado del Que Nunca Vuelve, ha podido crear también en sus vidas previas un bagaje kármico suficiente para seguir renaciendo en el reino del deseo, pero todo ello se experimenta de un golpe al obtener dicha realización. Ya no vuelve a renacer en el reino del deseo, sino en el reino de la forma y sin forma.

El yogui que está a punto de obtener el Nirvana, también ha cometido actos en sus vidas previas cuyo resultado tendría que experimentar en vidas futuras, pero al estar a punto de liberarse y no poder experimentarlos, se transforman en sufrimiento y obstáculos en esa vida. Si hemos prestado mucho dinero a un amigo y nos enteramos de que va a marcharse para no volver, le vamos a exigir hasta que deje saldada su deuda. Lo mismo ocurre con el karma pendiente cuando uno está a punto de liberarse.

Que un practicante de Dharma sea criticado y tenga obstáculos es un buen signo. Significa que su práctica está siendo fructífera. El *Texto Azul kadampa* dice:

> Cuando la enseñanza de Buda degenera, la maldad
> tiene más poder y la bondad se debilita. Por esta
> razón los buenos practicantes de Dharma pueden
> quizá tener una vida corta y obstáculos diversos,
> mientras los que se conducen con maldad, tienen
> larga vida y salud. Pero, el buen practicante no
> se desanima por ello.

Vivimos en una época degenerada y, *aparentemente*, los que se implican en actividades negativas tienen éxito mientras que los que luchan por causas justas o por empresas desinteresadas se encuentran con obstáculos.

Que una persona maligna experimente bienestar y felicidad en esta vida no es un buen signo pues, en realidad, recibe el fruto de sus actos positivos previos y en sus vidas futuras experimentará dolor. Pero, en el caso de una persona religiosa, tener problemas en esta vida es auspicioso porque a medio y largo plazo experimentará una gran felicidad.

La persona malvada que ahora goza de bienestar, poder y riqueza, vive esta situación porque le ha madurado la energía positiva creada en sus vidas pasadas. Esta es la causa sustancial. Vivir en una época degenerada donde la maldad predomina, actúa como causa secundaria. La felicidad mayor que podía haber experimentado a lo largo de sus vidas futuras se está agotando ahora en forma de un bienestar muy corto. Es un mal signo.

Es decir, la experiencia de bienestar no es resultado de sus actos negativos de esta vida sino de sus actos positivos de vidas pasadas. De la misma manera, los problemas que experimentan una buena persona o un practicante sincero de Dharma no es resultado de sus actos virtuosos presentes sino de sus actos negativos previos.

Sembrar semillas medicinales donde antes las había venenosas, producirá dos tipos de frutos y aunque ambos crezcan en el mismo campo, no significa que el fruto venenoso sea producto de la semilla medicinal o viceversa. Sus causas son diferentes. Del mismo modo, el sufrimiento de la persona religiosa no es resultado de su práctica virtuosa, ni el bienestar de la persona malvada es resultado de sus actos negativos. Al igual que es imposible que una semilla medicinal produzca un fruto venenoso, quien ha acumulado actos positivos recibirá felicidad y quien comete actos negativos recibirá desgracias. Chandrakirti en el *Madhyamkavatara* dice:

> Si se malgasta el interés y el capital,
> no habrá felicidad en el futuro.

Si padecemos una enfermedad y hemos de sufrir una operación, aceptaremos de buen grado el dolor temporal pues produce beneficios a largo plazo. Del mismo modo hemos de aprender a abandonar los actos que producen felicidad inmediata pero malestar a largo plazo. Cuando un adicto a las drogas ingiere sus primeras dosis, al principio se siente feliz, pero a medio y largo plazo le perjudicará.

Puesto que desde el sin principio de los tiempos nos hemos acostumbrado a crear actos negativos tenemos dificultad en escuchar, contemplar y meditar en el Dharma pero aun y así hemos de perseverar.

La práctica del Dharma consiste, básicamente, en abandonar actos negativos y acumular actos positivos. El *Lam Rim* señala que la raíz de todo el sendero espiritual es la devoción al Maestro, pero el fundamento para poder practicar es observar la ley de causa y efecto. Tomar refugio, generar la renuncia y la bodhichita, dependen totalmente de seguir la ley de causa y efecto. Puesto que todos deseamos felicidad y no dolor, hemos de profundizar en estos senderos.

En general, en este mundo hay tres tipos de personas: las que creen en la religión, las que no creen y las neutras. Algunos no sólo no creen en la religión sino que piensan que es un veneno. En 1954 cuando el Dalai Lama visitó China, Mao Tse Tung le dijo: "La religión es un veneno, debes dejar de practicarla porque destruye la sociedad". Mao no diferenciaba entre religiones, para él todas eran veneno.

Aunque muchos seres practican alguna de las grandes religiones, son muy pocos los que las conocen en profundidad y menos los que las practican. Tanto Buda como Jesucristo, nos han dejado muchos y buenos consejos y si los pusiéramos en práctica, habría menos guerras y conflictos. Pero, no seguimos su Dharma, incluso han habido muchas guerras en nombre de la religión. Para evitar más desastres en el futuro hemos de conducirnos siguiendo la ley de causa y efecto.

La ley de causa y efecto es muy vasta y los seres ordinarios no pueden entender sus aspectos más profundos. Puesto que son objetos de conocimiento muy ocultos sólo la mente omnisciente de un Buda puede entenderlos. Incluso un Arhat ha de experimentar los resultados de sus karmas previos en la vida en que alcanza el Nirvana.

Madgyalputra, uno de los discípulos principales del Buda, fue apalizado por unos delincuentes a pesar de que tenía elevados poderes sobrenaturales y hubiera podido evitarlo. Al respecto Shariputra le preguntó: "Por qué no has usado tus poderes milagrosos". Maudgyalputra respondió: "Ni tan siquiera me acordé que los tuviera".

En *Los Cuentos de Jataka* se menciona este consejo a un rey:

Es adecuado para los nobles de los hombres
pensar en las vidas futuras.
Por ello es inadecuado recurrir a lo que
no es beneficioso, aunque te resulte agradable.
Merece la pena que recurras a aquello que es
apropiado, aunque no te resulte agradable.

Si hay una medicina que cura pero su sabor no es agradable, igualmente la tomarás. Así hemos de vivir, teniendo en mente el beneficio futuro. Hay sustancias muy sabrosas que a la larga perjudican. Es mejor ingerir sustancias quizá al principio un poco insípidas, pero deliciosas al final.

Al final de sus enseñanzas orales, el Ven Gueshe Tamding Gyatso dirigiéndose a sus discípulos les dijo lo siguiente:

Estas enseñanzas orales, en realidad no son
mías, como todas las que imparto, están basadas en
textos clásicos budistas.
En este caso, en el *Collar de Buena Fortuna*
de Ngwang Phunsok Gen Lam Rimpa, aunque
sólo he usado los encabezamientos de su
enseñanza. Mis comentarios adicionales han sido
extraídos de las siguientes fuentes:

Sutra del Sabio y el Necio
Los *Sutras de la Perfección de la Sabiduría*
El Sutra del Tallador del Diamante
El *Vinayapitaka*
Pramanavatika de Dharmakirti
La Liberación en la palma de tu mano de
Pabongka
Madhyamikalamkara de Shantarakshita,
Abhidharmakosha de Vasubhandhu,
El *Jakatamala* de Arysura
Textos kadampa de Atisha y Potowa
Los *Cuatrocientos* de Aryadeva

Encabezamientos

Aunque la semilla deja de serlo cuando brota, su continuidad no cesa.
Recordar el sabor amargo aun cuando no se experimenta
El sonido del eco

Historias para generar convicción
Anécdota de una de las vidas previas del Buda
Anécdotas de Bodhisatvas y Arhats
Anécdotas de grandes yoguis indios y tibetanos
Gente ordinaria que recordó sus vidas previas

Ventajas de tener en cuenta la existencia de las vidas pasadas y futuras
Ventajas a nivel temporal de tener en cuenta la
existencia de las vidas pasadas y futuras
Ventajas a nivel último de tener en cuenta la existencia
de las vidas pasadas y futuras

Desventajas de no tener en cuenta la existencia de las vidas pasadas y futuras
Desventajas temporales de no tener en cuenta la
existencia de las vidas pasadas y futuras
Desventajas a nivel último de no tener en cuenta la
existencia de las vidas pasadas y futuras

Eliminar las visiones erróneas que sostienen la inexistencia de las vidas pasadas y futuras
La mente es un efecto del cuerpo, como una lámpara y la luz que emite
La mente es una cualidad del cuerpo, como la cerveza y su poder de embriagar
La mente es parte de la naturaleza del cuerpo, como la pared y el mural pintado en ella

La ley de causa y efecto y su dependencia
Beneficios de conocer la ley de causa y efecto
Desventajas de no conocer la ley de causa y Efecto
Identificar la ley de causa y efecto
Cómo practicar la ley de causa y efecto
Eliminar las visiones erróneas acerca de la ley de causa y efecto

Identificar la ley de causa y efecto
Los resultados de las acciones son definitivos
Los resultados de la acciones aumentan

Sin crear una acción no se experimenta su resultado
Las acciones creadas no pierden su potencial

Los cuatro poderes oponentes capaces de limpiar y eliminar las semillas kármicas negativas son:
El poder del objeto
El poder del arrepentimiento
El poder de la determinación
El poder de la fuerza oponente

El resultado del karma puede ser de tres tipos:
Karma cuyo fruto se experimenta en esta vida
Karma cuyo fruto se experimenta en la vida siguiente
Karma cuyo fruto se experimenta muchas vidas después

Existen dos clasificaciones adicionales del karma en:
Karma que impulsa
Karma que completa

Y estos dos pueden combinarse de cuatro maneras diferentes:
Karma que impulsa y que completa positivos
Karma que impulsa y que completa negativos
Karma que impulsa negativo y que completa positivo
Karma que impulsa positivo y que completa negativo

Según su resultado, el karma también puede ser múltiple:
El efecto que madura
El efecto similar a la causa
El efecto ambiental

Eliminar las visiones erróneas acerca de la ley de causa y efecto
Eliminar la concepción errónea de que la ley de causa y efecto no existe
Eliminar el malinterpretar la ley de causa y efecto

Citas

Introducción de Gen Lam Rimpa:

> En esta época en que el sol del Dharma se desvanece, aunque uno tenga sólo la luz de una luciérnaga, debe hacer todo lo posible para impedir que la oscuridad prevalezca. Tal como utilizan los que están en el lado oscuro todas sus fuerzas para empujar a los demás hacia las visiones erróneas, debo yo utilizar mi pobre capacidad para conducirles hacia el buen camino.

El *Collar de la Buena Fortuna* empieza rindiendo el homenaje siguiente:

> Tras ofrecer ramos de flores con fe sincera y. respeto, a los pies de Manjugosha hago brillar esta lámpara de la doctrina para que yo y los demás evitemos el abismo del nihilismo.

> Movido por la fe se entrega uno a las prácticas; gracias a la sabiduría uno conoce la verdad; de entre las dos, la sabiduría es la primera y la fe su requisito indispensable.
> *Guirnalda Preciosa* de Nagaryuna

Citas de las escrituras

> Los monjes y los eruditos deberían analizar mi enseñanza tan bien como uno analizaría el oro. Por medio de derretir, refinar y abrillantar y sólo adoptarlas después y no por mostrarme respeto Mahavaltantra.
> Sakyamuni Buda

Establecer el fundamento desde el punto de vista del aspecto previo de naturaleza similar

> Al nacer, la respiración, los poderes sensoriales y la mente no proceden sólo del cuerpo, sino que dependen de su propio aspecto similar. De lo contrario se darían circunstancias extremadamente absurdas.
> *Pramanavatika* de Dharmakirti

> Considera la mente de un recién nacido, surge de un instante previo de consciencia porque es consciencia, a semejanza de la mente del presente.
> *Pramanavatika* de Dharmakirti

Establecer el fundamento desde el punto de vista de la causa sustancial precedente

> Aquello que no es consciencia no puede ser la causa sustancial de una consciencia o mente.
> *Pramanavatika* de Dharmakirti

> Considera la mente presente en el momento de ser concebido en esta vida, surge de una causa sustancial que es su mente previa porque es consciencia. A semejanza de la consciencia de hoy.
> *Pramanavatika* de Dharmakirti

> La consciencia del ser cuando es concebido surge de su propia causa sustancial, del mismo modo que lo hace la consciencia del momento presente; es así porque ambas son consciencia.
> Shantarakshita

Establecer el fundamento desde el punto de vista de las tendencias o el hábito previo

> Es obvio que el apego y los demás engaños surgen gracias a la familiaridad o tendencia previa. Sería contradictorio sostener que se desarrollan sin causa alguna.
> *Pramanavatika* de Dharmakirti

> Considera la consciencia de un recién nacido; viene precedida de un momento previo de hábito causal porque es consciencia. Como el apego y el odio que existen ahora en nuestro propio continuo mental.
> *Pramanavatika* de Dharmakirti

> La mente sin fuerza de aquel que nace, cuyos sentidos son aún débiles, busca el pecho de su madre para alimentarse aunque no le han enseñado a hacerlo, es obvio que ello se debe a que ya tenía esta costumbre en otras vidas.
> *Cuentos de Jataka* de Aryasura

> Una vez habituado no habrá nada que me sea difícil.
> *Bodhisatvacaryavatara* de Shantideva

Establecer la base desde el punto de vista de la experiencia pasada

> Por medio de concentraciones meditativas
> bien practicadas la memoria se vuelve clara.
> En consecuencia hay memorias de vidas pasadas

de las que se deduce la existencia de vida después.
Los Cuentos de Jataka

Ejemplos

Oh gran rey, aquellos seres que transmigran de este mundo al del más allá, cuando renacen no son ni migradores permanentes, ni no existentes, no son producidos sin causa, ni son hechos por un Creador. Sino que nacen debido a la reunión de las causas y las condiciones que son los actos y los engaños.
Sakyamuni Buda

Ocho ejemplos para entender la manera en que la mente del pasado se conecta con la presente:

La comprensión de un discípulo de las enseñanzas de su maestro
La llama de una vela nos permite encender otra
La imagen en el espejo
El sello que queda impreso
La lupa produce fuego
Aunque la semilla deja de serlo cuando brota, su continuidad no cesa.
Recordar el sabor amargo aun cuando no se experimenta.
El sonido del eco.

Sutra de la Muerte y el Nacimiento

¿Por qué si el migrador poseía la capacidad para vincular las vidas pasadas con la presente, no ha de ser ahora capaz de vincular la vida presenta con lafutura?
Pramanavatika de Dharmakirti

Ventajas a nivel último de aceptar la existencia de las vidas pasadas y futuras

Mientras uno no haya discernido la existencia de las vidas pasadas y futuras por medio del razonamiento, las puertas que dirigen hacia los senderos de la existencia afortunada y la bondad definitiva permanecerán cerradas.
Kedrub Je

Eliminar las visiones erróneas que sostienen la inexistencia de las vidas pasadas y futuras.
Los nihilistas defendían la inexistencia de las vidas pasadas y futuras

en base a los siguientes ejemplos:

1 La mente es un efecto o resultado del cuerpo, como una lámpara y la luz que emite
2 La mente es una cualidad del cuerpo, como la cerveza y su poder de embriagar
3 La mente es parte de la naturaleza del cuerpo, como la pared y el mural pintado en ella

Beneficios de conocer la ley de causa y efecto

Desean escapar de la miseria pero corren hacia ella, como si de su mejor amigo se tratase.
Desean la felicidad pero, ignorantes, la destruyen como a un enemig.
Bodhisatvacaryavatara de Shantideva

La riqueza surge de la generosidad y la felicidad de la ética.
Nagaryuna

Identificar la ley de causa y efecto

La enseñanza principal del Buda es la ley de causa y efecto. *El Sutra del Sabio y el Necio* nos ayuda a entenderla y a ponerla en práctica.
De la tradición kadampa

Los resultados de las acciones son definitivos

Sea cual sea el acto que hayas cometido, el fruto que experimentarás será similar a éste.
Vinaya de Buda Sakyamuni

Los resultados de las acciones aumentan

Bhikshus. Quien ve la relación dependiente ve los fenómenos. Quien ve los fenómenos ve al Buda.
Debido a la existencia de esto, aquello surge.
Debido a la producción de esto, se produce aquello.
Es así:
Debido a la ignorancia hay acción composicional
Debido a la acción composicional hay consciencia
Debido a la consciencia hay nombre y forma
Debido al nombre y forma hay seis fuentes
Debido a las seis fuentes hay contacto
Debido al contacto hay sensación
Debido a la sensación hay ansia

Debido al ansia hay aferramiento
Debido al aferramiento hay existencia
Debido a la existencia hay nacimiento
Debido al nacimiento hay envejecimiento y muerte
Debido al envejecimiento y la muerte hay pena; asimismo, aparecerán el
dolor, el sufrimiento, la infelicidad y el conflicto.
Así se produce el gran sufrimiento de los agregados.
El Sutra del Semillero de Arroz. Sakyamuni Buda

Eliminar la concepción errónea de que la ley de causa y efecto no existe

Las acciones no se desperdician
Incluso con el paso de cientos de eones
Cuando las causas y las circunstancias apropiadas
se reunan los frutos madurarán.
Vinaya de Buda Sakyamuni

Eliminar el malinterpretar la ley de causa y efecto

Oh Subhuti, quienes se impliquen en esta práctica estarán purificando
el karma no virtuoso de la corriente entera de sus vidas previas.
Estos karmas los habrían empujado a los tres reinos inferiores, al purificarlo sufren aquí en esta vida.
Sutra del Tallador del Diamante, un texto de los *Sutras de la Perfección de la Sabiduría,*

El que obtiene el nivel de la paciencia, tercero de los cuatro que conforman el sendero de preparación, el que Nunca Vuelve y el que alcanza el Nirvana, son seres que al llegar a tales grados de realización experimentarán obstáculos en su vida.
Abhidharmakosha de Vasubhandu

Cuando la enseñanza de Buda degenera, la maldad tiene más poder y la
bondad se debilita. Por esta razón los buenos practicantes de Dharma
pueden quiza tener una vida corta y obstáculos diversos, mientras los
que se conducen con maldad, tienen larga vida y salud. Pero, el buen
practicante no se desanima por ello.
El *Texto Azul kadampa*

Si se malgasta el interés y el capital, no habrá felicidad en el futuro.
Madhyamakavatara de Chandrakirti

Es adecuado para los nobles de los hombres pensar en las vidas futuras.

Por ello es inadecuado recurrir a lo que no es beneficioso, aunque te resulte agradable merece la pena que recurras a aquello que es apropiado,
aunque no te resulte agradable.

Los Cuentos de Jataka

Glosario

Acciones y sus efectos.(Karma). La palabra sánscrita **karma** literalmente significa acción. El factor mental "intención" es el **karma** auténtico. Por la fuerza de la intención creamos acciones con nuestro cuerpo, palabra y mente. El efecto de las acciones virtuosas es felicidad y el resultado de las acciones negativas es sufrimiento.

Agregado. Los diversos componentes físicos y mentales de la que consta una persona: forma, sensación, discernimiento, conciencia y factores composicionales.

Arya. Literalmente, "Un Ser noble". Alguien que ha progresado en el sendero espiritual hasta el punto en que ha obtenido una comprensión o realización directa de la vacuidad.

Arhat. Destructor de Enemigos. Un ser liberado que está libre de los engaños y ha obtenido el Nirvana.

Bardo. Estado intermedio entre la muerte y el renacimiento.

Bendiciones. Oleadas de inspiración. Gracia. La influencia que emana de un Ser Iluminado y que inspira al practicante.

Bodhisatva. Un ser que ha generado la mente espontánea de la bodhichita. Desde el primer momento en que el practicante genera la bodhichita no artificial o genuina, se vuelve un Bodhisatva y entra en el sendero de acumulación. Un Bodhisatva ordinario es alguien que aún no ha realizado la vacuidad directamente; un Bodhisatva superior es quien ha obtenido una realización directa del vacío.

Buda. Un ser que ha abandonado completamente todos los engaños y sus impresiones. Buda Sakyamuni. Es el cuarto de los mil Budas que aparecerán en este mundo. Los primeros tres fueron Krakuchchhanda, Kanakamuni y Kashyapa. El siguiente será Maitreya.

Budeidad. Iluminación. Nirvana superior.

Cuerpo de Verdad. Dharmakaya. El estado puro interno de los seres Iluminados, que tiene dos aspectos: sabiduría pura y la naturaleza última pura de la mente de un Ser Iluminado.

Cuerpo de Deleite. Samboghakaya. Cuerpo de la Forma sutil de un Buda que sólo puede ser percibido por seres ordinarios.

Cuerpo de Emanación. Nirmanakaya. Cuerpo de la Forma de un Buda que puede ser percibido por Seres Superiores mahayana.

Destructor de Enemigos. (Skt*: Arhat).* Cualquiera que ha obtenido la liberación al destruir su enemigo, los engaños. Un Destructor de Enemigos no renace de nuevo en la existencia cíclica.

Deidad.(Skt;Yidam). El término Deidad se utiliza principalmente para referirse a Budas y Bodhisatvas que se visualizan bajo forma divina durante la práctica tántrica. Representan un aspecto específico del estado Iluminado.

Dharma. Se refiere a las enseñanzas de Buda y a las realizaciones internas que se generan practicando estas enseñanzas.

Deva. Dios. El más elevado de las seis clases de seres en el **samsara**.

El que Entra en la Corriente. Es un seguidor del vehículo del Oyente que se encuentra en el sendero de la visión.

El que Vuelve una Vez. Es un seguidor del vehículo del Oyente que sólo vuelve una vez más al reino del deseo.

El que Nunca Vuelve. Es un seguidor del vehículo del Oyente que nunca más regresa al reino del deseo.

Engaño. Cualquier emoción o concepción que altere y distorsione la conciencia.

Estado de Generación. La realización de un yoga creativo obtenido como resultado de una concentración pura en llevar los tres cuerpos al sendero (en los que uno mentalmente se genera como Deidad tántrica y el medio ambiente como el mandala de la Deidad).

Estado de Consumación. Las realizaciones del Yoga Tantra Superior que son alcanzadas al completar un método especial que causa que los aires entren, permanezcan y se disuelvan dentro del canal central.

Existencia inherente o esencial. La aparente existencia de los fenómenos, independiente de partes, causas o del proceso de imputación conceptual. Lo que es negado por la vacuidad.

Existencia cíclica. (Skt.*Samsara*)Es el ciclo de muerte y renacimiento descontrolado que es impulsado por la fuerza de los engaños y las acciones contaminadas. Es la base para experimentar sufrimiento.

Eón.(Skt,*Kalpa*). Espacio de tiempo muy largo, intraducible en cifras.

Guelugpa. El sistema de enseñanzas completas de Buda, tanto en Sutra como en Tantra, establecido por Lama Tzong Khapa enel siglo catorce. Guelug significa un sistema de práctica inmaculado y completo.

Gueshe. Originalmente se refería a alguien cualificado como Guía Espiritual. En la tradición Guelug ahora se usa como título para quien ha dominado la filosofía y técnicas de meditación budistas.

Guru Raíz. El Guía Espiritual principal de quien hemos recibido Iniciaciones, instrucciones y Transmisiones Orales de nuestra práctica principal.

Hinayana o Theravada. Vehículo espiritual para aquellos que buscan la propia liberación del sufrimiento. Hay dos tipos de practicante hinayana: el que sigue el vehículo del Oyente y el que sigue el del Realizador Solitario.

Ignorancia. Raíz de la existencia cíclica. Desconocimiento de la manera en que las cosas existen o de cual es su función.

Iluminación. Omnisciencia, Budeidad, Nirvana superior. Estado perfecto del ser. Estado Iluminado

Impresión. Semilla kármica o semilla de los engaños. Las primeras son las tendencias positivas, negativas y neutrales depositadas en la mente por la fuerza de las acciones. Son comparadas a semillas que en el futuro madurarán en forma de felicidad o sufrimiento. Las segundas permanecen en la consciencia incluso después de que los engaños han sido abandonados. Son la obstrucción a la omnisciencia y sólo se abandonan en la Budeidad.

Liberación. Nirvana menor, estado de libertad personal completa del sufrimiento y sus causas.

Lam Rim. Etapas del Camino a la Iluminación. Enseñanzas orales y escritas que describen las diferentes etapas en el sendero a la Iluminación y los métodos para atravesarlas.

Nirvana menor. Liberación personal del sufrimiento.

Mahayana. El vehículo mayor para aquellos que buscan la Iluminación completa para beneficio de los demás.

Meditación. Proceso de familiarización profunda con estados mentales virtuosos.

Meditación Analítica. Examen conceptual constante del objeto de meditación. Precede a la meditación de emplazamiento en la que la mente, sin analizar, está enfocada absolutamente y sin distracción sobre el objeto de meditación.

Mérito. Es la buena fortuna que se crea a través del poder de las acciones virtuosas y que tiene el poder potencial de aumentar las buenas cualidades y producir felicidad.

Método y Sabiduría. El sendero espiritual hacia la Iluminación tiene dos aspectos: método y sabiduría. Método es la causa principal de que madure nuestro Linaje de Buda. Las prácticas de la gran compasión, el amor, la bodhichitta y las perfecciones de la generosidad, disciplina moral, paciencia, esfuerzo y estabilización mental constituyen las prácticas del método. La sabiduría es la causa principal de que nuestro Linaje de Buda se libere de los engaños y sus impresiones. Las prácticas para desarrollar una comprensión correcta de la naturaleza de las dos verdades, convencional y última, constituyen las prácticas de la sabiduría.

Nihilista. (Tib *Djampempa*). Antigua escuela de doctrina materialista de la India. Pueden tipificarse de esta manera: rehusar aceptar la noción del renacimiento, rechazar cualquier otro medio de conocimiento aparte del obtenido por la percepción directa.

*Oyente.*Uno de los dos tipos de practicante Hinayan. tanto los Oyentes como los Realizadores Solitarios son hinayanistas. Difieren en su comportamiento, motivación, mérito y sabiduría. En todos estos respectos los Realizadores Solitarios son superiores a los Oyentes.

Reino del deseo. Uno de los tres reinos de existencia cíclica mencionados en las escrituras budistas. Es el reino en donde los seres disfrutan los cinco objetos de los sentidos: forma, sonido, olor, tacto y gusto. Hay seis reinos en este reino: el de los dioses, semidioses y humanos (los reinos superiores); y el de los animales, espíritus hambrientos y el de los infiernos (los reinos inferiores).

Reino de la forma. Uno de los tres reinos de la existencia cíclica, más allá del reino del deseo. Los seres allí han renunciado al disfrute de los objetos sensoriales externos pero aún y así todavía tienen apego a la forma interna, es decir, su propio cuerpo y mente

Reino sin forma. Este reino está incluso más allá del reino del deseo y de la forma. Aquí los seres han renunciado incluso a la forma y existen sólo como corriente de conciencia. Aunque, temporalmente han abandonado el apego a los placeres de la forma, su mente aún está esclavizada por el deseo y apego sutiles a los estados mentales y ego, por tanto están dentro del samsara.

Rueda del Dharma. El Buda enseñó tres grandes bloques de enseñanzas conocidas como "los tres giros de la Rueda del Dharma". En el primer giro el noble Buda enseñó las cuatro nobles verdades, en el segundo enseñó los **Sutras de la Perfección de la Sabiduría** y reveló el punto de vista Prasangika Madhyamika, el último giro presentó el punto de vista Chitamatra. El punto de vista real del Buda es el seguido por la escuela Prasangika Madhyamika.

Sutra. Enseñanzas del Buda que están basadas en los tres adiestramientos de moralidad, concentración y sabiduría y las seis perfecciones.

Tantra. Mantra Secreto. Las enseñanzas más elevadas del Buda. Nos dirigen rápidamente a la Iluminación. Estas enseñanzas se distinguen de las del Sutra porque revelan métodos para adiestrar la mente a llevar el resultado futuro, o Budeidad al sendero presente. Mantra indica que es una instrucción especial del Buda para proteger la mente de apariencias y concepciones ordinarias. Para superar las apariencias y concepciones ordinarias los practicantes tántricos visualizan su cuerpo, disfrutes y actividades como las de un Buda. Secreto indica que las prácticas deben hacerse en privado y sólo por los que han recibido una Iniciación tántrica.

Tsong Khapa(13571419). Fundador de la escuela Guelug. Nació en Amdo, en lo que más tarde sería el monasterio de Kum Bum. Escribió más de doscientos textos, de los cuales, el más ampliamente estudiado es el Lam Rim Extenso.

Vacuidad.(Skt Sunyata). Vacío. La mera ausencia de existencia inherente o intrínseca. La naturaleza última de los fenómenos.

Si te interesa leer más libros como Karma y Renacimiento visita
nuestra página web

www.edicionesamara.com